초등학생을 위한 유쾌한 교양 수업

글 이동훈 그림 이크종

블루어린이

작가의 말

글쓴이 **이동훈**

저의 어린 시절은 항상 물음표로 가득 차 있었어요.

흥미진진한 일들을 찾아다니며

부모님과 선생님께 끊임없이 질문을 하곤 했죠.

이 책에는 제 마음속에 아직 남아 있는 물음표를 펼쳐 놓았어요!

우리의 삶에 꼭꼭 숨어 있는 마법처럼 신기하고

놀라운 과학을 찾아볼 거예요.

이 책을 읽고 주변을 한번 둘러보세요.

분명히 '왜 이렇지?' 하는 물건이나 현상이 보일 거예요.

그때 생긴 호기심을 절대 그냥 흘려보내지 말고,

적극적으로 해답을 찾아보세요.

호기심이라는 구부러진 물음표가 반듯한 느낌표가 되어

여러분을 찾아갈 거예요.

그린이 **이크종**

위인전에 나오는 **에디슨**은 기계의 속이 궁금한 나머지,

아빠가 아끼는 기계를 분해하다가 그만 고장을 냈다고 하죠.

저는 그 정도까지는 아니었지만, 궁금증을 참을 수는 없었어요.

그래서 저는 드라이버 대신 책을 들었어요!

책 속에는 제 궁금증을 풀어 줄 더 큰 정답이 가득했거든요.

가 본 적 없는 나라, 상상도 못 했던 우주,

내가 살아 본 적 없는 과거와 미래까지도요.

이 책도 여러분의 수많은 궁금증을 풀어 주고,

생활 속에 숨어 있는 과학을 찾아내는 데

좋은 친구가 되어 줄 거예요.

그 **신나는 여행**에 제가 그린 그림들이

작은 도움이 되길 바라요.

차례

작가의 말 **4**

PART 01
신기한 생활 속 과학

- 001 차가운 물을 담은 컵에 물방울이 맺히는 이유는? **12**
- 002 오래된 책에서 초콜릿 냄새가 난다고? **14**
- 003 화장실 변기에는 왜 물이 고여 있을까? **16**
- 004 초록색 비누에서 하얀 거품이 나는 이유는 무엇일까? **18**
- 005 자판기는 어떻게 동전을 구분할까? **20**
- 006 약으로 어떻게 우울증을 치료할 수 있을까? **22**
- 007 남극이나 북극에서는 왜 감기에 잘 걸리지 않을까? **24**
- 008 하나의 달걀에 어떻게 두 개의 노른자가 생기는 걸까? **26**
- 009 내가 산 달걀에서 병아리가 태어날 수 있을까? **28**
- 010 초콜릿이 추위를 막아 준다고? **30**
- 011 마취를 하면 왜 아프지 않을까? **32**
- 012 여름에 물을 뿌리면 시원하게 느껴지는 이유는? **34**
- 013 사우나에서 화상을 입지 않는 이유는? **36**
- 014 찌개나 국의 흰 거품은 왜 생기는 걸까? **38**
- 015 과일을 밖에 꺼내 두면 왜 초파리가 많이 생길까? **40**
- 016 주사는 왜 팔에 맞을까? **42**
- 017 차가운 음식을 먹으면 왜 머리가 아플까? **44**
- 018 파리는 왜 다리를 비빌까? **46**
- 019 비눗방울은 왜 항상 동그랄까? **48**
- 020 입으로 분 풍선은 왜 뜨지 않을까? **50**

PART 02
놀라운 생활 속 과학

- 021 눈 오는 날은 왜 더 포근할까? **54**
- 022 따뜻한 수돗물이 뿌연 이유는 무엇일까? **56**
- 023 운동선수들은 왜 이온음료를 마실까? **58**
- 024 양치질 후 귤을 먹으면 왜 시고 쓰게 느껴질까? **60**
- 025 모기에 물리면 왜 가려울까? **62**
- 026 건물 사이로 바람이 강하게 부는 이유는 무엇일까? **64**
- 027 양파를 자르면 왜 눈물이 날까? **66**
- 028 감기에 걸리면 열이 나는 이유는 무엇일까? **68**
- 029 자른 사과가 갈색으로 변하는 이유는? **70**
- 030 멀미는 왜 하는 걸까? **72**
- 031 비가 올 때 나는 냄새는 무슨 냄새일까? **74**
- 032 불꽃놀이의 다양한 불꽃 색은 어떠한 원리일까? **76**
- 033 커피를 마시면 왜 잠이 오지 않을까? **78**
- 034 짜장면을 먹을 때 국물이 생기는 이유는 무엇일까? **80**
- 035 나뭇잎은 왜 녹색일까? **82**
- 036 지렁이는 비가 오면 왜 기어 나올까? **84**
- 037 은행을 밟으면 왜 똥 냄새가 날까? **86**
- 038 코는 왜 고는 걸까? **88**
- 039 세상에 공기가 없다면 어떻게 될까? **90**
- 040 거울 속 내 모습과 사진 속 내 모습은 왜 달라 보일까? **92**

PART 03
재미있는 생활 속 과학

- 041 시곗바늘이 오른쪽으로 도는 이유는 무엇일까? **96**
- 042 살충제를 사람이 맞아도 괜찮을까? **98**
- 043 오렌지 껍질로 풍선을 터트릴 수 있다고? **100**
- 044 번개에 맞을 확률은 얼마나 될까? **102**
- 045 햇볕에 피부가 타는 이유는 무엇일까? **104**
- 046 햇빛을 보면 재채기를 하는 사람이 있다고? **106**
- 047 비 오는 날 우울한 이유는 무엇일까? **108**

- (048) 고구마를 먹으면 방귀가 나오는 이유는? **110**
- (049) 놀이기구를 타고 내려갈 때 몸이 붕 뜨는 느낌이 드는 이유는? **112**
- (050) 헬륨 가스를 마시면 왜 목소리가 변할까? **114**
- (051) 정전기는 왜 발생할까? **116**
- (052) 사람마다 느끼는 오이의 맛이 다르다고? **118**
- (053) 딸꾹질은 왜 하는 걸까? **120**
- (054) 갑각류는 익으면 왜 빨갛게 변할까? **122**
- (055) 종이는 물에 젖으면 왜 쭈글쭈글해질까? **124**
- (056) 내가 나를 간지럽히면 왜 덜 간지러울까? **126**
- (057) 똥은 왜 갈색일까? **128**
- (058) 동물은 양치질을 안 하는데 왜 충치가 안 생길까? **130**
- (059) 피는 빨간데 왜 핏줄은 파랄까? **132**
- (060) 새똥은 왜 흰색일까? **134**

PART 04 고마운 생활 속 과학

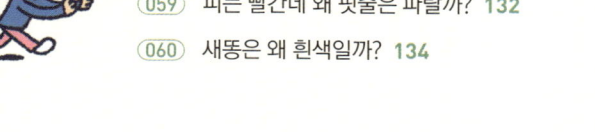

- (061) 우산은 비를 맞아도 왜 젖지 않을까? **138**
- (062) 피자는 동그란데 피자 박스는 왜 네모날까? **140**
- (063) 선글라스의 원리는 무엇일까? **142**
- (064) 가루약을 왜 알약으로 만들까? **144**
- (065) 안경을 쓰면 잘 보이는 이유는 무엇일까? **146**
- (066) 선크림을 바르면 피부가 타지 않는 이유는 무엇일까? **148**
- (067) 핫팩은 어떻게 뜨거워질까? **150**
- (068) 과자 봉지 안쪽이 은색인 이유는 무엇일까? **152**
- (069) 세균은 모두 나쁠까? **154**
- (070) 연고를 바르면 상처가 아무는 이유는 무엇일까? **156**
- (071) 엘리베이터 버튼 위의 구리 필름, 정말 항균 효과가 있을까? **158**
- (072) 매운 음식을 먹을 때 우유를 마시는 이유는 무엇일까? **160**
- (073) 거짓말 탐지기는 어떠한 원리로 작동할까? **162**
- (074) 온도계로 어떻게 온도를 알 수 있을까? **164**

- 075 소화기로 어떻게 불을 끌 수 있을까? **166**
- 076 탈취제의 원리는 무엇일까? **168**
- 077 눅눅해진 과자를 살리는 방법은? **170**
- 078 입안에서 톡톡 튀는 사탕은 어떠한 원리일까? **172**
- 079 독감백신은 왜 주기적으로 맞아야 할까? **174**
- 080 엑스레이의 원리는 무엇일까? **176**

PART 05 편리한 생활 속 과학

- 081 손소독제, 계속 사용해도 좋을까? **180**
- 082 마스크에 앞뒤가 있을까? **182**
- 083 충치를 치료할 때 이를 금으로 씌우는 이유는 무엇일까? **184**
- 084 비행기 창문은 왜 동그랄까? **186**
- 085 목도리를 하면 왜 온몸이 따뜻하게 느껴질까? **188**
- 086 파마의 원리는 무엇일까? **190**
- 087 눈이 오면 제설제를 뿌리는 이유는 무엇일까? **192**
- 088 건물 옥상 바닥이 초록색인 이유는 무엇일까? **194**
- 089 도로 위 표지판은 왜 전부 초록색일까? **196**
- 090 전자레인지는 어떻게 음식을 데울까? **198**
- 091 비누는 어떻게 손을 깨끗하게 해 줄까? **200**
- 092 종이컵 끝부분은 왜 동그랗게 말려 있을까? **202**
- 093 맨홀 뚜껑은 왜 전부 동그랄까? **204**
- 094 튀김이 바삭한 이유는? **206**
- 095 보온병은 어떠한 원리일까? **208**
- 096 벌집의 모양은 왜 육각형일까? **210**
- 097 자동문 센서는 어떻게 사람을 인식할까? **212**
- 098 도핑 테스트가 무엇일까? **214**
- 099 홍채 인식은 어떠한 원리로 이루어질까? **216**
- 100 바코드의 원리는 무엇일까? **218**

아는 만큼 재미있는 과학 어휘 **220**

PART 01
신기한 생활 속 과학

1 신기해

차가운 물을 담은 컵에 물방울이 맺히는 이유는?

무더운 여름, 얼음을 가득 채운 컵에 물을 따라 마셨어요.
얼마 지나지 않아 컵 표면에 물방울이 맺히기 시작하네요.
어디서 온 물방울일까요? 설마 차가운 물이 컵을 통과하기라도 하는 걸까요?

두 개의 컵에 담긴 물 중 어느 물이 더 차가울까요?

물방울이 맺힌 오른쪽 컵에 더 차가운 물이 담겨 있다는 걸 알 수 있어요.

그런데 물컵에 맺힌 물방울은 도대체 어디서 오는 걸까요? 물이 컵을 통과한 건가요?

사실 컵 주변의 공기 중에는 우리 눈에 보이지 않는 수증기가 있어요.

차가운 물을 컵에 따르면, 컵의 온도는 주변보다 낮아져요.

낮아진 온도로 인해, 컵 주변의 수증기가 컵 표면에 응결되어 물방울이 맺히게 돼요.

즉, 물컵에 맺힌 물방울은 바로 공기 중의 수증기가 물로 변한 거예요.

더 알아보기 안경에 김이 서리는 것도 같은 원리인가요?

겨울철에 안경을 낀 친구가 밖에 있다가 따뜻한 교실로 들어오면, 안경에 뿌옇게 김이 서리는 모습을 자주 볼 수 있어요. 차가운 바깥 공기로 인해 차가워진 안경에 교실 속 따뜻한 수증기가 닿아 아주 작은 물방울이 된거죠. 다만, 물컵에 물방울이 맺히는 것과 다르게 안경은 금세 실내의 따뜻한 기온이 전달되어 김만 서리고 끝나는 거예요.

오래된 책에서 초콜릿 냄새가 난다고?

아빠의 서재에 들어갔더니 왠지 모르겠지만, 제가 제일 좋아하는
초콜릿 냄새가 났어요. 아빠가 저 몰래 초콜릿을 먹은 줄 알았는데,
알고 보니 아빠가 학창 시절에 보던 책에서 나는 냄새였어요.
왜 오래된 책에서 초콜릿 냄새가 나는 걸까요?

중고 서점이나 도서관에서 오래된 책 냄새를 맡아 본 적 있나요? 냄새를 맡아 본 사람들은 초콜릿 냄새가 난다고 해요.

도대체 오래된 책에서 초콜릿 냄새가 나는 이유는 무엇일까요?

초콜릿 냄새가 나는 이유는 종이의 '리그닌'이라는 성분 때문이에요.

리그닌은 빛, 열, 습기 등의 주변 환경에 노출되면 분해되기 시작해요.

리그닌이 분해될 때 공기 중에 쉽게 증발하는 유기화합물이 나와요.

'바닐린'이라는 휘발성 유기화합물이 나오면 바닐라 냄새가 나고,

'에틸벤젠'이라는 휘발성 유기화합물이 나오면 달콤한 냄새를 맡을 수 있답니다.

이런 유기화합물들은 책을 누렇게 만들어 버리곤 하는데요,

최근에 만들어진 책은 종이의 '리그닌'을 제거하기 때문에 책도 많이 누렇게 되지 않고 초콜릿 냄새도 맡기 힘들다고 해요.

화장실 변기에는 왜 물이 고여 있을까?

화장실에서 볼일을 보고 물을 내리면,
물은 항상 같은 위치까지 차오르는 것 같아요.
어떻게 늘 똑같은 높이로 물이 차오르는 건가요?
변기 안에 무언가가 물의 양을 조절하는 걸까요?

시원하게 볼일을 본 후에는 꼭 물을 내려야 해요.

물을 내리면, 고여 있던 물이 내려가고 다시 물이 차는 것을 볼 수 있어요.

그런데 어떻게 변기의 물은 항상 같은 높이로 고이는 것일까요?

그 비밀은 변기 아래에 있는 구부러진 관에 있어요.

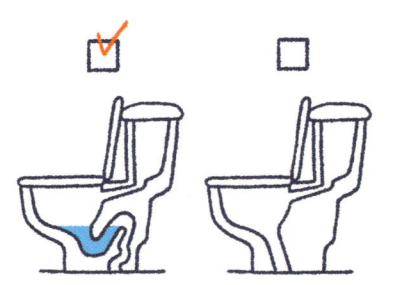

관의 구부러진 부분이 변기 수면보다 높기 때문에 평소에는 물이 관을 타고 넘어가지 않아요.

물을 내리면 많은 양의 물이 쏟아져 나오고, 물이 관의 높은 부분을 넘어 관을 꽉 채우며 변기 속 이물질을 하수구로 넘겨요.

그 후 변기 물이 줄어들면서 압력도 점점 낮아지기 때문에 관의 가장 높은 부분을 넘어가지 못하고 남은 물이 변기에 고이게 되죠.

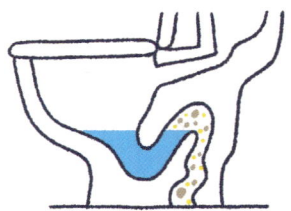

이렇게 물이 항상 고여 있는 덕에, 변기 아래의 하수구 냄새가 화장실로 올라오는 것을 방지할 수 있어요.

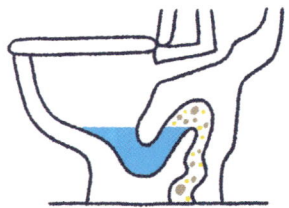

이처럼 액체가 자기 위치보다 더 높은 곳을 지나 아래로 떨어지는 것을 사이펀 현상이라고 불러요.

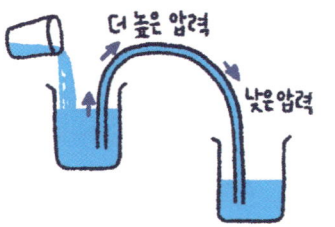

변기에 물이 제대로 차지 않거나 하수구 냄새가 난다면 사이펀 현상에 문제가 있을 수 있어요. 전문가를 부르도록 하세요!

초록색 비누에서 하얀 거품이 나는 이유는 무엇일까?

엄마가 알록달록 무지개 색깔 비누를 사 오셨어요. 무지개 비누로 무지개 색깔 거품을 만들고 싶었지만, 비누 색깔이랑 상관없이 거품이 다 하얗게 나지 뭐예요! 어째서 비누 거품은 다 똑같이 하얀색인가요?

우리가 평소 손을 씻을 때 사용하는 비누는 크기, 모양, 색깔 모두 제각각이죠.

그런데 이상하지 않나요? 비누 색깔은 다른데 비누 거품 색깔은 다 똑같이 하얗다니!

어떤 물건의 색깔은 그 물건이 반사시키는 빛의 색깔에 달려 있어요.

예를 들어 초록색 물건은 초록 빛만 반사하고 나머지는 흡수하고, 빨간색 물건은 빨간 빛만 반사하고 나머지는 흡수하죠.

또 어떤 물건이 빛을 다 흡수하면 까맣게 보이고 빛을 다 반사하면 하얗게 보여요.

이는 빛이 섞였을 때 나오는 색깔은 좀 다르기 때문이에요. 물감은 모든 색을 섞으면 검은색이 되지만, 빛은 다 합쳐지면 하얗게 보이죠!

색이 섞이면 / 빛이 섞이면

즉, 비누 거품이 하얗게 보이는 이유는 수많은 매우 작은 거품이 빛을 산란시키기 때문인데요,

산란이란 빛이 직진하다가 장애물을 만나 부딪쳐 사방으로 흩어지는 것을 말해요.

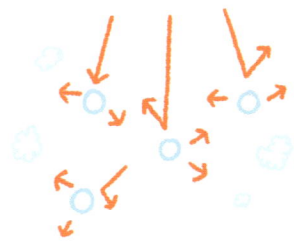

수많은 거품에 온갖 색깔의 빛이 이리저리 반사돼 결국 빛이 전부 섞여 버리고, 그렇게 만들어진 하얀 빛 때문에 비누 거품이 하얗게 보이는 거예요.

그러니 색깔 있는 거품을 만들려고 아무리 손을 씻어 봤자 소용없어요!

자판기는 어떻게 동전을 구분할까?

동전을 넣고 버튼을 누르면 캔음료가 굴러 나오는 자판기.
신기하게도 자판기는 넣은 동전을 아주 정확하게 구분해 내요.
장난삼아 장난감 동전을 자판기에 넣었더니 재빠르게 뱉어 냈답니다.
자판기는 어떤 원리로 동전을 구분할 수 있는 걸까요?

길가나 건물 입구에는 음료수를 뽑을 수 있는 자판기가 있어요.

요즘에는 카드를 쓸 수 있는 자판기도 많지만, 왠지 자판기에는 동전을 넣어 줘야 할 것만 같아요.

자판기는 어떤 원리로 동전을 척척 구분해 내는 걸까요?

자판기가 동전을 구분하는 과정은 2단계로 나뉘어요.

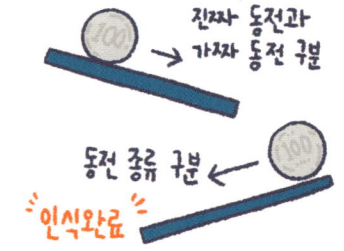

우선 자판기에 동전이 들어가면, 동전에 일정한 전기를 흐르게 해 전기가 얼마나 흐르는지 알아봐요.

금속 함유량에 따라 전기의 흐름이 다른데, 진짜 동전과 전기의 흐름이 다르면 가짜 동전으로 구분하는 거죠.

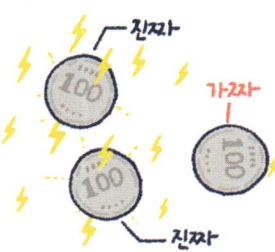

이 단계를 통과한 동전은 자석 사이를 지나게 돼요. 이때 자석의 끌어당기는 힘 때문에 동전의 떨어지는 속도가 줄어드는데요,

동전은 종류에 따라 금속 함유량이 다르기 때문에 속도의 차이가 생긴답니다.

  구리 75% / 니켈 25%

 구리 70% / 아연 18% / 니켈 12%

구리 48% / 알루미늄 52%

니켈이 많을수록 자석의 힘을 많이 받아 속도가 느려져요!!

이 과정을 거쳐 자판기는 진짜 동전만 먹고, 그렇지 못한 동전들은 밖으로 뱉어 버려요.

가짜 동전이나 다른 나라의 동전을 함부로 넣으면 자판기가 고장 날 수 있으니 우리 모두 주의하도록 해요.

6 신기해

약으로 어떻게 우울증을 치료할 수 있을까?

우울증이라는 병이 있대요. 마음이 우울하고 슬프고 괴로운 병이죠.
심하면 약을 먹어야 한다는데… 잠깐만요!
먹는 약이 어떻게 마음을 치료한다는 걸까요?

한 번쯤은 우울하다는 생각을 해 본 적이 있죠? 그런데 계속 우울한 생각이 든다면 우울증일지도 몰라요.

우울증에 걸렸다면 상담도 받고 약도 먹으면서 치료를 받아야 해요.

그런데 먹는 약으로 어떻게 마음을 치료할까요? 그 원리가 뭘까요?

비밀은 바로 '행복 호르몬'이라 불리는 세로토닌에 있어요.

의사들은 우울증을 앓는 사람들에게 세로토닌을 증가시키는 약을 처방해요.

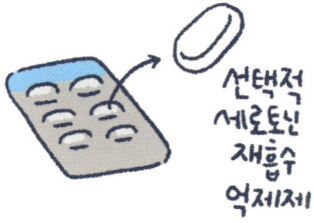

이 약은 세로토닌이 세포에 재흡수되는 것을 막아 오랫동안 신경에 머물며 작용할 수 있도록 하죠.

○ 세로토닌
● 세로토닌 재흡수 억제제

우울증은 마음의 '병'이기 때문에 약도 꾸준히 먹고 치료도 열심히 받아야 나아요.

그러니 우울할 때 혼자 괴로워하지 말고 도움을 요청하세요! 가족, 친구, 의사 모두 여러분을 도울 준비가 되어 있으니까요.

더 알아보기 **저는 우울증은 아니지만 행복 호르몬을 늘리고 싶어요. 어떻게 해야 하나요?**

달콤한 음식은 세로토닌 분비를 촉진한다고 해요. 사랑하는 가족이나 친구들과 수다를 떠는 것도 한 방법이죠. 바깥에서 햇볕을 쬐며 걷는 것도 아주 좋은 방법이랍니다!

남극이나 북극에서는 왜 감기에 잘 걸리지 않을까?

추운 겨울이면 어김없이 찾아오는 불청객, 감기.
정말 많은 사람들이 감기로 고생을 해요.
남극이나 북극처럼 1년 내내 아주 추운 곳에 사는 사람들은 툭하면 감기에 걸리겠죠?

추운 겨울이 되면 우리는 종종 감기에 걸려요.

감기에 걸리는 이유는 감기 바이러스 때문이에요.

추위 때문에 약해진 우리 몸에 바이러스가 들어와 감기를 일으키는 거죠.

이때 감기 바이러스에 대한 면역을 기르면, 바이러스가 그 사람 몸에 더 이상 붙어 있을 수 없어요.

그러면 바이러스는 기침이나 손을 통해 면역력이 없는 다른 생명체로 들어가서 또 감기를 일으켜요.

사람들이 많이 몰려 있으면 감기 바이러스가 면역력이 없는 사람들을 계속 만날 수 있지만,

남극이나 북극같이 사람이 적은 곳에서는 바이러스가 기생할 사람을 찾기 힘들죠.

기생할 사람을 찾지 못하면 바이러스는 죽어 버려요. 바이러스는 사람 몸을 떠나선 오래 살 수 없기 때문이에요.

그러니 감기에 걸리지 않으려면 해야 할 일이 뭔지 잘 알겠죠? 첫째, 감기에 걸린 사람을 잘 피해 다니기!

둘째, 잘 먹고 열심히 운동해서 면역력 기르기! 우리 모두 건강해지자고요.

하나의 달걀에 어떻게 두 개의 노른자가 생기는 걸까?

오늘 엄마가 맛있는 달걀프라이를 해 주셨어요! 그런데 평소 보던 달걀과는 달라요.
노른자가 무려 두 개인 달걀이라니 정말 신기해요.
왠지 오늘은 행운이 가득할 것 같아요.

보통 달걀은 하나의 노른자와, 노른자를 감싼 흰자로 이루어져 있어요.

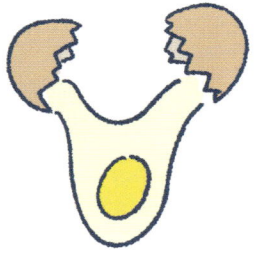

아주 가끔씩 노른자가 두 개인 달걀을 볼 수 있죠. 이런 달걀은 어떻게 생기는 걸까요?

달걀 노른자는 '난황'이라고도 불러요. 병아리로 자라날 '배아'에 필요한 영양소예요.

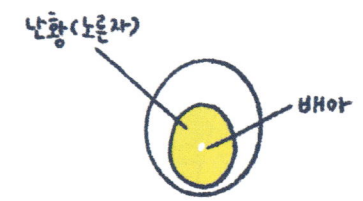

암탉은 몸속에 있는 난소에서 노른자를 만들고 배아를 붙여 내보내요.

난소에서 만들어진 노른자는 난관을 지나는데, 이 과정에서 흰자와 껍데기가 노른자를 감싸서 달걀이 생겨요.

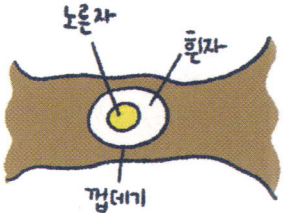

그런데 암탉이 처음으로 달걀을 낳을 때, 혹은 스트레스를 많이 받았을 때는 두 개의 노른자가 함께 나오기도 해요.

함께 나온 두 개의 노른자를 흰자와 껍데기가 한꺼번에 감싸서 노른자가 두 개인 달걀이 만들어지는 거예요.

행운의 상징처럼 느껴졌던 두 개의 노른자. 사실 암탉의 스트레스와 노고가 만들어 낸 것이네요.

더 알아보기 노른자가 두 개인 달걀에서는 병아리도 두 마리가 태어나나요?

노른자가 두 개라고 해서 꼭 두 마리의 병아리가 태어나는 건 아니에요. 노른자가 두 개인 달걀은 일반적인 달걀에 비해 병아리가 태어날 확률이 낮아요. 설령 부화가 되더라도 달걀 한 개의 공간에 두 마리가 같이 자라기 때문에, 정상적으로 성장하기가 어렵답니다.

내가 산 달걀에서
병아리가 태어날 수 있을까?

병아리를 키워 보고 싶은 마음에 집에 있는 달걀을 꺼내서
하루 종일 품고 있었어요. 하지만 아무리 기다려도 병아리는 나오지 않았죠.
달걀에서 병아리가 태어나는 거 아니었나요?

겉으로는 똑같은 달걀처럼 보이지만 병아리가 태어나는 달걀은 따로 있어요.

도대체 어떤 달걀에서 병아리가 태어나는 걸까요?

암탉이 낳는 달걀에는 두 종류가 있어요. 바로 '유정란'과 '무정란'이죠.

암탉은 짝짓기를 하지 않아도 거의 매일 달걀을 낳는데요,

이렇게 암탉이 혼자서 낳는 달걀을 '무정란' 이라고 해요.

우리가 사 먹는 대부분의 달걀들은 짝짓기 없이 암탉 혼자서 낳은 무정란이에요. 무정란에서는 병아리가 태어나지 않죠.

하지만 만약 수컷과 짝짓기를 한다면 암탉은 '유정란'을 낳아요.

유정란을 암탉이 일정 기간 동안 품고 있으면 귀여운 병아리가 나오고요.

마트에서 사 온 달걀을 열심히 품고 있어도 병아리가 태어나지 않는 이유를 이제 알겠죠?

초콜릿이 추위를 막아 준다고?

추운 겨울날 부모님과 캠핑을 갔어요.
추워서 덜덜 떨고 있는데 엄마가 초콜릿을 주시네요.
초콜릿을 먹으니 한결 나아진 기분이에요.
초콜릿이 추위를 막는 데 도움이 되는 건가요?

매서운 추위를 이겨 내기 위해 다양한 도구를 사용해요.

그런데 초콜릿을 먹으면 조금 덜 추운데, 알고 있나요?

마치 자동차가 연료를 태워 움직이는 것처럼, 우리 몸도 체온을 유지하려면 연료가 필요해요.

영양성분표를 보면, 이 음식을 먹었을 때 얼마나 열을 낼 수 있는지 알 수 있어요.

1kcal는 물 1g을 1도 올리는 데 필요한 열이야!

영양성분	
열량	150kcal
탄수화물	20g
단백질	6g

음식 속 탄수화물, 단백질, 지방은 열을 내는 아주 중요한 영양소예요. 3대 영양소라고도 불려요.

탄수화물 : 1g 당 4kcal
단백질 : 1g 당 4kcal
지방 : 1g 당 9kcal

그런데 이 영양소들은 소화 과정을 거쳐 잘게 잘라져야 우리 몸에서 흡수할 수 있어요.

밥이나 떡같이 소화가 오래 걸리는 음식은 먹고 나서도 흡수되는 데 시간이 필요하지만,

초콜릿 속 설탕은 소화가 엄청나게 빨리 돼요. 그래서 추울 때 초콜릿을 먹으면 몸이 빨리 따뜻해질 수 있죠!

그럼 설탕이 들어간 다른 과자를 먹어도 추위를 막을 수 있을까요?

맞아요. 이제 사탕이나 초콜릿이 먹고 싶을 때 엄마를 설득할 수 있겠죠?!

마취를 하면 왜 아프지 않을까?

맹장염에 걸려서 수술을 하게 됐어요.
많이 걱정되긴 하지만 마취를 하기 때문에
고통을 느끼지 않고 수술을 할 수 있대요.
그런데 마취는 어떻게 고통을 느끼지 않게 해 주는 건가요?

종이나 칼에 베여 조금만 상처가 나도 엄청나게 아프고 쓰려요.

그런데 수술을 해도 마취만 하면 하나도 안 아프다니, 어떻게 이런 일이 가능할까요?

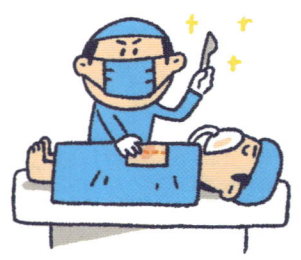

우리가 고통을 느끼는 이유는 뇌로 '아프다'라는 신호가 전달되기 때문이에요.

손이 칼에 베이면 손은 '칼에 베였다'라는 신호를 뇌에 전달해요.

뇌는 도착한 신호를 통해 손에 일어난 일을 알아채고, 비로소 아프다는 느낌을 받아요.

그런데 마취제는 뇌로 전달되는 신호가 지나가는 통로인 신경을 차단해요.

아프다는 신호가 뇌로 전달되지 않기 때문에 통증을 느끼지 않을 수 있죠.

마취제의 원리도 알았으니, 이젠 병원을 가는 게 무섭지 않겠죠?

더 알아보기 마취를 하면 머리가 나빠진다는데 사실인가요?

마취를 하고 잠들었다가 깨면 왠지 머리가 어질어질하고 멍한 느낌이 들죠. 이런 느낌 때문에 머리가 나빠졌나? 하는 생각이 들 수도 있지만, 이건 일시적인 현상이에요. 마취제의 효과가 떨어지고 신경이 차단됐던 게 다 풀리면 다시 원래 상태로 돌아가요. 걱정하지 않아도 된답니다.

여름에 물을 뿌리면 시원하게 느껴지는 이유는?

햇볕이 강하게 내리쬐는 여름, 슈퍼에 아이스크림을 사러 갔어요.
그런데 슈퍼 아주머니께서 슈퍼 주변에 물을 뿌리고 계시네요.
왜 슈퍼 앞에 물을 잔뜩 뿌릴까요? 아스팔트에 꽃이라도 심어 둔 걸까요?

무더운 여름, 아스팔트 도로가 너무 뜨거워요.

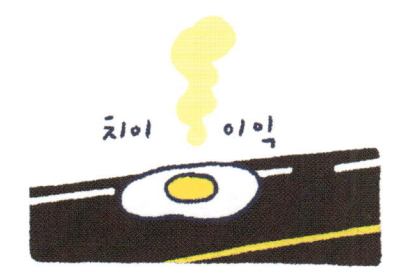

아스팔트 위에 물을 뿌리면 조금 시원해지는 느낌이 드는데요,

물을 뿌리는 것만으로 정말 시원해지는 건가요?

액체가 기체로 변하기 위해서는 열을 흡수해요. 이걸 '기화열'이라고 한답니다.

뜨거운 아스팔트 도로 위에 물을 뿌리면 물은 주변의 열을 흡수해요.

물에 열을 빼앗긴 아스팔트와 주변의 온도는 낮아지고,

열을 흡수한 물은 수증기가 되어 날아가요.

아스팔트 위에 물을 잔뜩 뿌리면 시원해지는 이유랍니다.

더 알아보기 **소독할 때 느끼는 차가움도 비슷한 원리인가요?**

맞아요. 주사를 맞기 전, 우리는 알코올 솜으로 피부를 소독하죠. 알코올은 물보다 기화되기 쉬운데요, 알코올이 피부의 열을 빼앗아 기체가 되기 때문에 차가움을 느끼는 거예요.

사우나에서 화상을 입지 않는 이유는?

온탕에 35도라고 적혀 있길래 발을 담가 봤는데 너무 뜨거워요.
그런데 부모님은 무려 100도 가까이 되는 사우나에 들어가시네요.
35도도 이렇게 뜨거운데 100도라니,
부모님이 화상을 입을까 봐 걱정돼요.

부모님과 함께 찜질방에 가면, 부모님은 엄청나게 뜨거운 사우나에서 찜질을 즐기곤 하시죠.

저는 고작 35도짜리 온탕도 견디기 힘든데 말이에요.

100도 물에 닿으면 바로 화상을 입을 텐데, 어떻게 100도 가까운 공기에서는 무사할 수 있나요?

그 비밀은 바로 공기와 물의 열전도율이 다르다는 데 있어요.

열전도율이 무엇인지 설명해 주지!

열전도율이란 뜨거운 곳에서 차가운 곳으로 전달되는 열의 양이에요.

물은 공기에 비해 열전도율이 약 20배나 높아요.

여러물질의 열전도율	
공기	1
물	20
콘크리트	1,300
알루미늄	80,000

똑같은 온도의 물과 공기에 손이 닿았을 때, 물이 손에 전달하는 열의 양이 공기의 20배라는 뜻이에요.

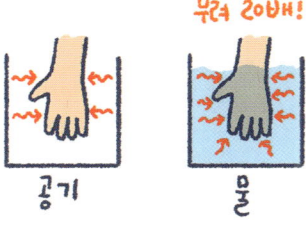

따라서 같은 온도라도 공기보다 물을 훨씬 더 뜨겁게 느껴요.

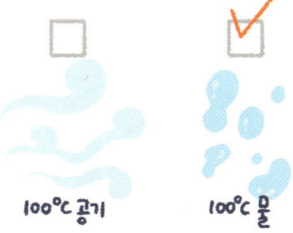

또한 높은 온도에서 땀을 흘리면 땀이 피부의 열을 빼앗아 가기 때문에 시원한 느낌마저 들어요.

아주 뜨거운 사우나 안에서 견디는 비법, 이제 알겠죠?

찌개나 국의 흰 거품은
왜 생기는 걸까?

된장찌개는 제가 제일 좋아하는 음식이에요.
찌개를 끓이는 엄마의 모습을 구경하는데, 찌개 국물 위로 거품이
계속 생기는 거 있죠? 혹시 몸에 안 좋은 건가요?

찌개를 끓이다 보면 찌개 안에서 거품이 올라오는 걸 볼 수 있어요.

엄마는 이게 불순물이라고 생각하고 걷어 내는데, 이거 대체 정체가 뭘까요?

찌개에서 올라오던 거품은 사실 불순물이 아니라 찌개에 들어간 재료에서 나온 거예요.

찌개를 끓일 때 물이 증발해 수증기로 변해 찌개 위로 올라오는데, 이를 기포라고 해요.

이 기포는 찌개에 들어가는 재료에서 나온 여러 성분들이 달라붙어서 우리 눈에 거품으로 보여요.

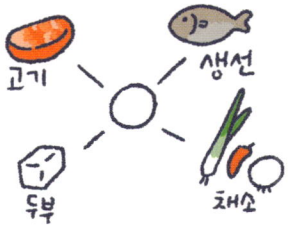

고기가 들어 있는 김치찌개는 고기의 핏물이나 고기 부스러기가 고춧가루와 함께 기포에 붙고요,

콩이 주성분인 된장으로 만든 된장찌개는 단백질이 응고되어 거품에 달라붙죠.

그럼 이 거품은 먹어도 되는 걸까요? 물론이에요. 하지만 보기 좋은 음식이 맛도 좋은 법이겠죠?!

더 알아보기 — 먹어도 되는 거품을 걷어 내는 이유가 뭐예요?

거품은 몸에 해롭지 않으니 먹어도 무방해요. 하지만 고기를 넣고 끓였을 때 나오는 갈색 거품이나 조개를 넣고 끓였을 때 나오는 검은 거품은 요리의 맛을 떨어뜨릴 수 있으니 걷어 내는 게 좋아요.

과일을 밖에 꺼내 두면 왜 초파리가 많이 생길까?

엄마가 방에 포도를 갖다 주신 것을 깜빡하고 친구들과 놀러 나갔어요.
집에 와 보니 포도 주위에 초파리가 득실거리지 뭐예요!
창문을 꼭 닫아 뒀는데, 이 초파리들은 도대체 어디서 오는 걸까요?

여름철에는 맛있는 과일들이 참 많아요. 하지만 과일을 잠깐 밖에 꺼내 두면 초파리가 꼬여요.

도대체 이 초파리들은 어디서 나타나는 걸까요?

초파리는 놀라운 능력을 가지고 있어요. 후각이 매우 뛰어나서 1 km 떨어진 곳에 있는 냄새도 맡을 수 있죠.

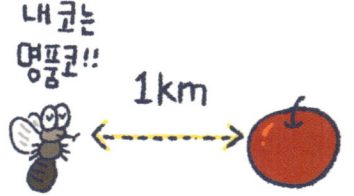

게다가 몸집도 2~5mm정도로 매우 작기 때문에 자신이 좋아하는 과일의 냄새를 맡고 방충망을 송송 뚫고 들어와요.

또 초파리는 과일 껍질에 알을 낳는데요,  	초파리보다도 작은 이 알은 우리 눈에 보이지 않을 만큼 매우 작답니다. 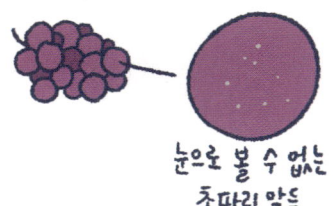
그동안 우리는 알게 모르게 과일과 함께 초파리 알을 구매하고 있던 거죠. 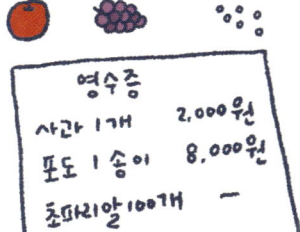	

> **더 알아보기** 초파리는 음식물 쓰레기 주변에서도 보여요. 초파리는 도대체 무슨 음식을 좋아하는 거죠?
>
> 초파리는 달콤한 당 성분과 시큼한 산 성분을 좋아해요. 우리가 즐겨 먹는 새콤달콤한 과일은 초파리가 가장 좋아하는 음식 중 하나죠. 그런데 음식물이 부패할 때도 산 성분이 나와요. 때문에 주변에 초파리가 많이 있는 것이랍니다.

주사는 왜 팔에 맞을까?

병원에서 예방접종을 맞기로 했어요.
생각해 보니, 주사는 주로 팔에 맞는 것 같아요.
다리나 배에 놓지 않고 굳이 팔에 맞는 이유가 뭔가요?
다리에 놓으면 안 되는 이유라도 있나요?

우리가 아프면 병원에서 의사나 간호사 선생님이 주사를 놓아 주시죠.

언제 맞아도 무서운 따끔한 주사. 주사는 왜 팔에 맞는 걸까요?

주사는 놓는 위치에 따라 약물의 흡수 속도가 다르고, 주사를 놓는 목적도 달라요.

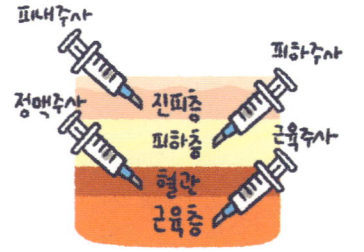

병원에서 놓아 주는 주사나 예방접종은 거의 다 근육주사예요. 근육에 놓으면 약이 몸에 빨리 흡수되거든요.

그런데 우리가 자주 사용하는 팔에는 근육이 두껍게 있어서 근육주사를 놓기 아주 좋죠.

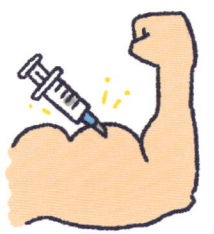

물론 엉덩이에도 근육이 아주 크게 있기 때문에 근육주사를 놓기 좋지만,

아무래도 팔만 걷는 게 의료진도 환자도 서로 편하겠죠?

주사를 놓는 위치에도 다 과학적인 이유가 있답니다.

> **더 알아보기** **피하주사나 정맥주사는 또 뭔가요?**
>
> 피하주사는 피부 겉면인 표피와 진짜 피부라고 불리는 '진피' 아래 피하층에 놓는데, 약을 아주 천천히 우리 몸에 꾸준히 흡수시킬 때 놓아요. 한편 정맥주사는 정맥이라는 혈관에 놓는데, 근육주사보다 훨씬 더 빠르게 약을 몸에 퍼트려야 할 때 사용해요. 링거가 바로 그 예랍니다.

차가운 음식을 먹으면
왜 머리가 아플까?

제 동생이 혼자서 맛있는 빙수를 먹고 있었어요.
동생이 한눈을 판 사이, 빙수를 크게 한 숟가락 퍼 먹었더니
머리가 띵하고 아픈 거 있죠? 제 동생이 빙수에 장난을 친 건 아니겠죠?

아이스크림이나 빙수와 같은 차가운 음식을 먹을 때 머리가 띵하고 아팠던 적이 한 번쯤 있지 않나요?

이 현상을 '아이스크림 두통'이라고 불러요. 이러한 아픔을 느끼는 이유는 무엇일까요?

아직까지 아주 정확한 원인은 밝혀지지 않았지만, 많은 연구자들은 다음과 같이 생각하고 있어요.

갑자기 차가운 물질이 들어오면 뇌의 온도가 떨어질 위험이 있기 때문에 우리 몸은 뇌 주변 혈관을 팽창시켜요.

팽창된 혈관으로 따뜻한 혈액이 많이 지나가게 만들어서 뇌의 온도를 유지시켜요.

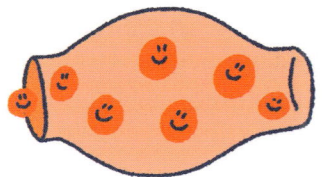

그 과정에서 순간적으로 뇌 혈압이 높아지면서 머리가 아프게 된다는 설명이에요.

주변 온도와 음식의 온도 차가 클수록 두통은 심해지니, 더운 곳에서 아이스크림을 급하게 먹지 않도록 조심하세요!

더 알아보기 | 머리가 안 아프게 아이스크림을 먹는 방법이 있나요?

너무 급하게 먹지 않도록 주의하는 게 최고의 예방이에요. 그리고 입안 깊숙한 곳의 신경은 예민하니, 아이스크림을 입안 깊숙이 밀어 넣지 않도록 주의하며 천천히 먹으면 아이스크림 두통을 예방할 수 있겠죠?

파리는 왜 다리를 비빌까?

먹다 남은 과일을 식탁 위에 잠시 두었는데 주변에 파리가 꼬였어요.
파리를 잡으려고 천천히 다가가 보니 과일 위에 앉은 파리가 다리를 비비고 있었어요.
생각해 보니 파리는 볼 때마다 항상 다리를 비비고 있는 것 같아요.
파리는 왜 다리를 비비는 걸까요? 저에게 살려 달라고 애원하는 건가요?

과일을 먹고 식탁 위에 잠시 두었는데 주변에 파리가 꼬였어요.

파리를 자세히 보면 항상 다리를 비비는데, 왜 다리를 비비고 있을까요?

파리는 다리로 냄새를 맡을 수 있기 때문이에요.

파리의 다리에는 가느다란 털이 많이 있어요.

파리가 음식물 쓰레기 주변이나 하수구를 돌아다니면 털에 더러운 것들이 많이 달라붙어요.

그러니 파리가 냄새를 잘 맡으려면 털에 묻은 더러운 물질을 털어 내야 하겠죠?

그래서 다리를 비벼 털에 붙은 더러운 물질을 털어 내는 거예요.

우리의 코가 막혀 있을 때 코를 풀어야 냄새를 맡을 수 있는 것처럼, 파리도 똑같은 거였어요!

더 알아보기 **파리는 다리로만 냄새를 맡을 수 있나요?**

파리는 냄새를 맡을 수 있는 더듬이도 가지고 있어요. 하수구 냄새와 같은 기체 냄새는 더듬이로, 과일과 같은 고체 상태의 물건 냄새는 다리로 맡아요.

비눗방울은 왜 항상 동그랄까?

네모난 모양과 세모난 모양의 비눗방울을 만들려고
철사를 열심히 구부려 틀을 만들었어요.
그런데 아무리 불어도 계속해서 동그란 모양만 만들어지는 거 있죠?
왜 비눗방울은 항상 동그란 모양으로만 만들어질까요?

철사에 비눗물을 묻혀 후~ 하고 불면 생기는 동그란 비눗방울.

그런데 왜 하필 비눗방울은 동그란 모양으로 만들어질까요?

그 이유는 액체의 표면장력 때문이에요. 너무 어려우니, 예를 들어 볼까요?

표면장력
액체가 면적을 최대한 작게 하려는 힘

어떤 모양의 물이 더 양이 많아 보이나요? 오른쪽이 많아 보이지만 사실, 두 모양의 물은 양이 같아요.

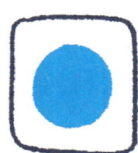 

액체는 공간을 많이 차지하는 것을 매우 싫어해요.

동그란 모양이 수학적으로 가장 공간을 적게 차지하기 때문에, 자꾸 동그란 모양으로 뭉쳐 있으려고 하는 거죠.

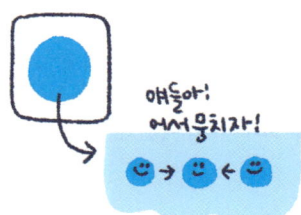

비눗방울이 동그란 이유는 사실 공간을 많이 차지하기 싫은 액체의 성질 때문이었어요!

> **더 알아보기** 표면장력, 신기하네요! 우리 주변에서 더 찾아볼 수 있을까요?
>
> 표면장력의 예는 우리 주변에서 생각보다 많이 찾을 수 있어요. 소금쟁이가 물 위를 떠다닐 수 있는 것도 물이 뭉쳐 있으려는 표면장력 때문이고, 풀잎 위에 이슬이 동그랗게 맺혀 있는 것 또한 표면장력 때문이랍니다.

입으로 분 풍선은 왜 뜨지 않을까?

놀이동산에서 키다리 삐에로 아저씨가 저에게 풍선을 줬어요.
앗, 실수로 풍선을 놓쳐서 하늘 위로 날아가 버렸어요.
그런데 제가 집에서 분 풍선은 계속 가라앉기만 하던데,
삐에로 아저씨가 준 풍선은 왜 하늘 위로 날아가는 걸까요? 풍선에 마법이라도 부린 걸까요?

풍선 안에 공기를 채워 넣으면 빵빵하게 부풀어 오르는 풍선.

놀이동산에서 주는 풍선은 하늘 위로 둥둥 떠다니는데, 왜 제가 입으로 분 풍선은 뜨지 않을까요?

풍선이 하늘 위를 떠다니는 것은 '밀도'와 관련이 있어요. 밀도란 어려운 말로 물질의 질량을 부피로 나눈 값으로, 같은 부피라도 질량이 다를 수 있음을 뜻해요.

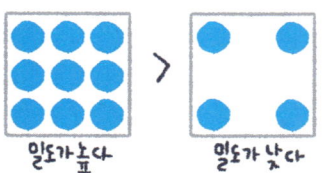

중요한 사실은, 밀도가 높은 물질은 항상 밀도가 낮은 물질보다 아래에 있으려 한다는 거예요.

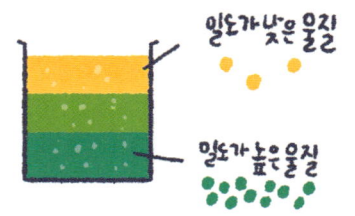

놀이동산의 풍선 안에는 공기보다 밀도가 낮은 헬륨이라는 기체가 들어 있기 때문에 하늘 위로 떠올라요.

그런데 입에서 나온 날숨에는 우리가 호흡하며 생긴 무거운 이산화탄소와 수증기가 아주 많아요.

이렇게 수증기와 이산화탄소가 많은 날숨으로 가득 찬 풍선은 공기보다 무겁고 밀도가 높기 때문에 아래로 가라앉는 거예요.

더 알아보기 | 헬륨 풍선을 타고 하늘 위로 날아갈 수 있나요?

우리의 무게를 견딜 수 있는 풍선을 만들면 충분히 하늘 위로 날아갈 수 있을 거예요. 하지만 너무 높게 날면 풍선을 누르고 있던 공기의 힘이 약해져 풍선이 터져 다칠 수도 있답니다.

PART 02
놀라운 생활 속 과학

눈 오는 날은 왜 더 포근할까?

눈이 펑펑 내리는 날, 밖으로 나갔는데
생각보다 춥지 않아서 이상하다고 생각해 본 적이 있나요?
분명 차가운 눈이 내리는데,
왜 눈이 내리지 않을 때보다 포근하게 느껴질까요?

하늘에서 펑펑 쏟아지는 눈을 보면 괜히 마음이 따뜻해지는 듯해요.

그런데 실제로도 눈이 내릴 때면 그렇지 않을 때보다 포근하게 느껴지는데요, 왜 그런 걸까요?

구름을 이루는 작은 물방울들은 온도가 낮아지면서 얼음으로 변하고 수증기가 달라붙으며 눈이 돼요.

수증기가 많이 달라붙어서 눈 입자가 점점 커져서 무거워지면 땅으로 떨어지게 되죠. 이게 바로 눈이에요.

이렇게 구름의 작은 물방울들이 얼음으로 어는 과정에서 '응고열'을 방출해요. 이 응고열 때문에 오히려 날씨가 따스해져요.

이글루도 이와 같은 응고열의 원리를 이용한 것이랍니다.

이글루에 물을 뿌리면 물이 얼면서 응고열이 나오고 이글루 안의 공기를 데우거든요.

차가운 눈과 얼음이 우리를 따뜻하게 한다니, 참 신기하죠?

더 알아보기 귤 농사에서도 응고열을 이용한다고요?

제주도의 특산품인 귤도 응고열을 이용해 재배해요. 날이 많이 추워지면 귤이 얼어 버릴 수도 있어요. 이럴 때 귤에 물을 조금씩 뿌려 주면, 물이 얼음으로 변하면서 방출되는 응고열로 인해 귤이 어는 것을 막을 수 있답니다.

따뜻한 수돗물이 뿌연 이유는 무엇일까?

세수를 하려고 세면대에 따뜻한 물을 받는데, 물이 뿌옇게 나와서 깜짝 놀랐어요. 깨끗하게 걸러진 물일 텐데, 왜 이렇게 뿌연 거죠? 이 물로 씻어도 괜찮은 걸까요?

물이 뿌옇게 나와서 왠지 찜찜한 기분이 들진 않았나요?

투명한 컵에 따뜻한 수돗물을 받아 보면 물이 뿌옇게 나오는 걸 볼 수 있을 거예요.

걱정 말아요. 물이 더러운 게 아니라, 물 속에 녹아 있던 공기가 물과 분리되면서 하얗게 보일 뿐이에요.

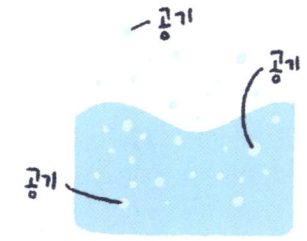

우리가 물을 틀면 차가운 물이 보일러 안의 아주 뜨거운 관을 지나면서 따뜻해져요.

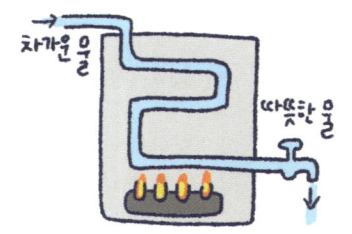

이때 뜨거운 관 때문에 관 속 물과 공기가 뜨거워지면서, 공기가 물에 지나치게 많이 녹는 '과포화 상태'가 발생하죠.

공기가 많이 녹은 물이 관 밖으로 나오면, 공기는 물 밖으로 빠져나오려고 한답니다.

이 과정에서 많은 거품이 발생하기 때문에 따뜻한 수돗물이 뿌옇게 보여요.

시간이 지나면 물 속에 있던 공기가 모두 빠져나와 더 이상 뿌옇게 보이지 않는답니다.

더 알아보기 시간이 지나도 물이 계속 뿌연데, 괜찮나요?

시간이 지나도 물이 투명해지지 않으면 그건 공기가 녹아 있는 게 아니랍니다. 배수관의 금속 물질이 물에 녹아 있을 수 있어요. 배수관에 문제가 있을 수 있으니, 빨리 배수관 관리자에게 연락하세요!

운동선수들은 왜 이온음료를 마실까?

텔레비전으로 축구 경기를 보고 있어요. 땀을 뻘뻘 흘리며 격렬하게 움직이는 선수들이 멋져 보여요! 경기 중간중간, 선수들이 이온음료를 마시고 있네요. 혹시 이온음료를 마시면 축구를 더 잘하게 되나요?

운동을 하고 땀을 흠뻑 흘렸을 때 물 한 잔 마시면 딱 좋죠!

그런데 운동선수들은 우리와 달리 물 대신 이온음료를 마셔요. 왜일까요?

이온음료는 물에 전해질과 영양분을 섞어서 만드는데요,

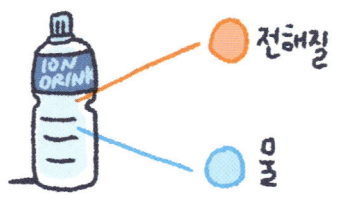

우리 몸에서 여러 가지 역할을 하는 다양한 작은 물질들을 묶어서 전해질이라고 불러요.

운동선수들이 격렬한 운동을 해서 땀을 많이 흘리면 어떻게 될까요?

몸속의 전해질과 수분이 땀으로 많이 빠져나가게 돼요.

그렇기 때문에 이온음료를 마셔서 물과 전해질을 보충하죠.

아주 격렬한 운동을 한 운동선수들이 이온음료를 마시는 이유예요.

보통 우리가 하는 운동으로는 전해질과 영양분이 엄청나게 빠져나가지 않으니, 여러분은 물을 마시도록 해요!

양치질 후 귤을 먹으면 왜 시고 쓰게 느껴질까?

방금 양치질을 했는데 엄마가 귤을 먹으라고 부르시네요.
역시나 너무 시고 맛이 없어요. 양치를 하고 귤을 먹으면
귤에서 유난히 신맛이나 쓴맛이 느껴지는 이유가 뭔가요?

겨울철 자주 먹는 달콤한 과일, 귤!

하지만 양치질을 하고 귤을 먹으면 신맛이나 쓴맛이 너무 세서 먹기가 힘들죠.

우리의 혀에는 미뢰라는 세포가 있는데요, 미뢰는 맛을 느끼는 역할을 해요.

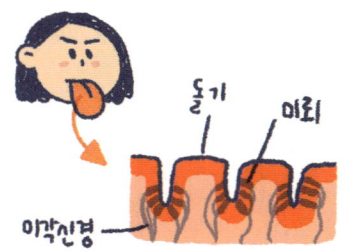

양치질을 하면 치약이 미뢰를 둘러싸고 있던 침과 이물질도 함께 제거해요.

이물질이 떨어져 나간 미뢰는 맛을 잘 느낄 수 있는 상태가 되죠.

더구나 거품을 내기 위해 치약에 들어 있는 SLS라는 성분 때문에 달콤한 맛을 느끼는 감각이 떨어져요.

그런 상태에서 단맛, 신맛, 쓴맛이 같이 있는 귤을 먹으면 신맛이나 쓴맛은 더 잘 느끼고 달콤한 맛은 잘 못 느끼겠죠.

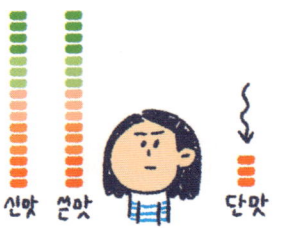

때문에 귤이 더 시고 쓰게 느껴지는 거예요. 참 신기하죠?

> **더 알아보기** **그러면 귤을 먹고 양치질을 하면 되겠네요?**
>
> 맞아요. 하지만 귤을 먹고 시간이 좀 지난 후에 양치질을 하세요. 산성을 띠는 과일이나 오렌지 주스는 이를 살짝 약하게 만들어요. 그 상태에서 양치질을 하면 치약 속에 있는 연마제, 즉 이를 반짝반짝하게 갈아 주는 성분이 이를 상하게 만들 수 있거든요.

25 놀라워

모기에 물리면 왜 가려울까?

위잉위잉~ 오늘도 모기가 제 방을 날아다녀요.
앗, 팔이 너무 가려워요.
모기에 물린 것 같아요.
그런데 모기에 물린 부위는 왜 가려운 걸까요?

한여름의 불청객 모기! 모기에 물리면 왜 가려운 걸까요?

사람의 피는 몸 밖으로 나오면 금방 굳어 버리는 성질이 있어요.

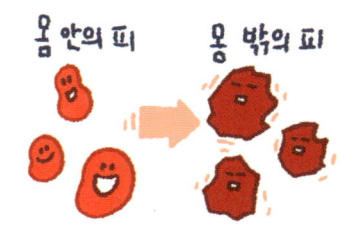

그래서 피를 먹는 모기는 피가 굳지 않도록 하는 '히루딘'이라는 물질을 내보내요.

우리 몸은 히루딘을 나쁜 물질로 인식하고 물리치기 위해 '히스타민'을 내보내고요.

히스타민은 백혈구가 잘 싸울 수 있도록 혈관을 넓히는 역할을 하는 물질이에요.

뿐만 아니라 신경을 자극해 가려운 느낌을 받게 하죠.

가렵다고 긁으면 더 안 좋으니 절대 긁지 마세요. 약을 바르거나 차갑게 해 주면 좀 나아져요.

더 알아보기 — 모기에 물리지 않는 방법은 없나요?

모기는 우리의 땀 냄새를 기가 막히게 잘 알아차려요. 따라서 모기에 물리지 않으려면 땀이 났을 때 깨끗하게 씻는 게 최고예요. 그리고 혹시 엄마나 아빠가 강한 향이 나는 화장품이나 향수를 사용한다면, 모기가 그런 냄새도 좋아한다고 꼭 알려 드리세요!

건물 사이로 바람이 강하게 부는 이유는 무엇일까?

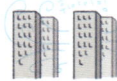

건물 사이로 난 골목을 지나가면 이상한 느낌이 들어요.
바람이 많이 불지 않는 날에도 건물 사이에는 왠지 바람이 세게 부는 느낌이거든요.
누가 아주 커다란 선풍기를 틀어 놓은 걸까요?

높은 건물 사이로 난 골목에 들어가면 강한 바람이 느껴져요.

왜 높은 건물 사이 골목에는 바람이 강하게 부는 걸까요?

바람은 높은 건물에 부딪히면 건물을 타고 빠른 속도로 내려와요.

또 넓은 공간에서 불던 많은 양의 바람은 좁은 건물 틈을 지나면서,

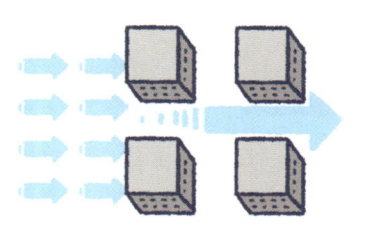

그 속도가 아주 빨라지죠. 이러한 현상을 벤투리 효과라고 해요.

이렇게 건물 사이에 부는 바람을 '빌딩풍'이라고 부르는데요, 빠를 때는 태풍만큼이나 빠르다고 해요.

실제로 태풍과 빌딩풍이 합쳐져 큰 피해를 입히는 일도 심심찮게 있다고 해요.

초고층 건물이 많은 첨단 도시, 꼭 살기 좋은 것만은 아니네요!

더 알아보기 강한 빌딩풍, 어떻게 막을 수 있나요?

건물이 빌딩풍에 피해를 입는 걸 막기 위해 건물에 바람 구멍을 내거나 건물 모서리를 부드럽게 만드는 등 여러 노력을 하고 있답니다. 그런데 빌딩풍을 막지 않고 적극적으로 이용하기도 해요! 빌딩풍을 이용해 전기를 만드는 풍력발전 장치를 설치한 건물이 점점 늘고 있다는 사실!

양파를 자르면 왜 눈물이 날까?

주방에서 맛있는 냄새가 나서 가 봤더니,
엄마가 카레를 하기 위해 양파를 썰고 계세요.
그런데 엄마 눈에서 눈물이 흐르고 있어요.
엄마에게 무슨 슬픈 일이라도 있는 걸까요?

양파를 자를 때면 눈이 따갑고 눈물이 나요.

양파를 썰면 눈물이 나는 이유가 뭘까요?

양파 안에는 황화합물과 '알리이나아제'라는 효소가 있어요.

이 둘은 보통 때는 눈물샘을 자극하지 않지만,

양파를 칼로 자르면 알리이나아제가 자극을 받아 황화합물을 아주 매운 기체로 만들어요.

매운 기체가 우리 눈으로 들어오면 눈물샘은 눈을 보호하기 위해 눈물을 내보내죠.

그래서 양파를 자를 때 눈물이 날 수밖에 없답니다.

흑흑, 양파를 너무 많이 잘라서 울보가 되면 어떡하죠?

더 알아보기 양파를 자를 때 눈물을 흘리지 않는 방법이 있을까요?

아주 간단하고, 엄마들이 많이 사용하는 방법은 양파를 반으로 갈라 물에 담가 두었다가 자르는 거예요. 황화합물이 물에 녹아 사라지거든요. 아니면 매운 기체를 막는 고글을 착용하는 것도 좋은 방법이죠.

감기에 걸리면 열이 나는 이유는 무엇일까?

아, 추운 곳에서 오랫동안 놀았더니 감기에 걸려 버렸어요.
열 때문에 괴로워서 해열제를 먹어도 열이 안 내리네요.
감기 바이러스가 절 괴롭혀서 열이 나나요?

감기에 걸리면 몸이 점점 뜨거워지고 열이 나기 시작해요.

감기 바이러스 때문에 열이 나는 걸까요?

사실 열을 내는 건 바이러스가 아니라 우리의 뇌예요.

감기 바이러스가 우리 몸속에 들어오면 백혈구가 감기 바이러스와 싸우기 위해서 출동하죠.

하지만 백혈구는 낮은 온도에서는 잘 싸울 수 없어요.

그래서 우리의 뇌는 백혈구가 감기 바이러스와 잘 싸울 수 있도록 체온을 높여요.

감기에 걸렸을 때 우리 몸에서 열이 나는 건 백혈구가 감기 바이러스와 잘 싸우고 있다는 증거인 거죠.

하지만 체온이 너무 오르면 다른 신체 부위가 정상적으로 작동하지 않을 수 있어 위험하니, 해열제로 체온을 꼭 낮춰야 해요!

더 알아보기 해열제를 먹으면 백혈구가 잘 싸우지 못하잖아요?

맞아요. 열이 조금 난다고 성급하게 해열제를 복용하면 백혈구를 방해하는 꼴이 되죠. 하지만 우리 몸이 너무 열심히 일을 하다 보면 체온이 급격하게 올라가서 땀이 뻘뻘 나거나, 머리가 지끈지끈 아프거나, 온몸이 쑤시곤 해요. 때문에 감기 바이러스와 싸우는 것 못지않게 해열제를 복용해서 열을 낮추는 것도 중요하답니다.

자른 사과가 갈색으로 변하는 이유는?

새콤달콤한 사과를 한입 쏙 베어 먹고 잠깐 밖에 나갔다 왔어요.
그런데 제가 베어 먹은 부분이 갈색으로 변해 버렸네요.
왜 제가 베어 먹은 부분만 갈색으로 변하는 걸까요?

두 개의 사과 조각 중 어떤 조각이 더 오래된 사과 조각일까요?

정답은 왼쪽! 색을 보면 갈색으로 변했죠. 이걸 '갈변'이라고 불러요.

왜 껍질 벗긴 사과 조각은 갈색으로 변하는 걸까요?

바로 공기 중에 있는 산소와 사과 속에 있는 '폴리페놀'이 반응했기 때문이에요.

나는 피부에 굉장히 좋고
유방암도 예방해 줘.

폴리페놀

평소에는 사과 껍질 옷을 입고 있기 때문에 산소와의 접촉을 차단할 수 있지만,

사과 껍질을 깎으면 폴리페놀은 빠르게 산소와 반응해서 사과를 갈색으로 만들어요.

공기 중에 오래 둔 못이 녹스는 것처럼 갈변 역시 산화 반응의 일종인 거죠.

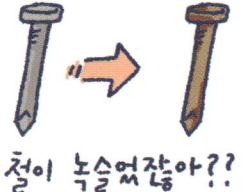

철이 녹슬었잖아??

사과 이외에도 바나나, 배, 복숭아도 폴리페놀을 가지고 있으니 껍질을 벗긴 후에 바로 먹는 게 좋아요.

제 시간에 먹으라구!!

더 알아보기 껍질을 깎아도 갈색으로 변하지 않게 하는 방법이 있나요?

갈변 현상을 방지하는 방법은 생각보다 쉬워요. 과일 속의 폴리페놀이 산소와 만나지 않도록 하면 돼요. 가장 간단한 건 소금물이나 설탕물에 담가 두는 건데, 물에 담그면 아무래도 맛이 없어져요. 그러니 껍질을 벗긴 후에는 바로 먹는 것이 좋겠죠?

멀미는 왜 하는 걸까?

자동차를 타고 할머니 댁에 갈 때마다 저는 멀미를 심하게 해요.
너무 심심하고 지루해서 책이나 스마트폰을 보면
오히려 속이 더 울렁거리는 것 같아요.
저를 너무 힘들게 하는 멀미, 멀미는 도대체 왜 하는 거죠?

자동차를 타고 먼 거리를 이동하면 속이 더부룩하고 어지럽지 않나요?

바로 멀미를 하기 때문인데요, 대체 멀미는 왜 하는 걸까요?

뇌는 다양한 경로로 들어오는 감각들을 종합해 우리 몸이 어떤 상태인지 파악하는데요,

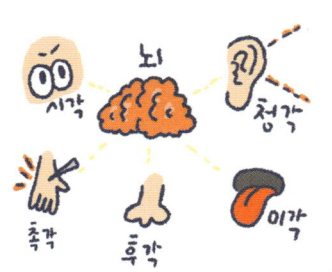

멀미는 귀와 눈의 감각 정보가 서로 달라서 생기는 '혼선' 현상이에요.

귀에는 몸의 균형감각을 담당하는 반고리관과 전정신경이 있어요.

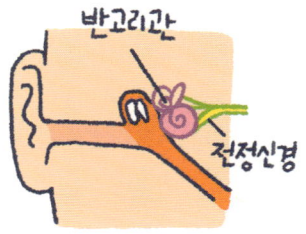

차가 많이 흔들리기 때문에 귀는 우리 몸이 움직이고 있다고 생각하죠.

그런데 눈으로 보는 차 안은 흔들리지 않고 고요해서, 눈은 '우리 몸이 안 움직인다'라는 정보를 뇌에 보내요.

이렇게 귀와 눈이 서로 다른 감각 정보를 뇌로 보내기 때문에 뇌는 혼란을 느껴 멀미를 해요.

신경을 둔하게 만들어 주는 멀미약을 먹어 멀미를 예방할 수도 있지만,

눈을 감고 있으면 귀와 다른 눈의 감각 정보가 들어오지 않기 때문에 훨씬 나아질 거예요.

31 놀라워

비가 올 때 나는 냄새는 무슨 냄새일까?

주룩주룩, 비가 오는 날이면 특유의 냄새가 나는 것 같아요. 흙 냄새인지 풀 냄새인지 잘 모르겠지만요. 그런데 제가 사는 동네엔 흙도, 풀도 거의 없는데 비에서 이런 냄새가 나는 이유는 뭘까요?

비가 올 때면 우리는 뭔가 독특한 냄새를 맡을 수 있어요.

풀 냄새 같기도 하고, 흙 냄새 같기도 하고요. 이 냄새의 정체는 뭘까요?

많은 사람들이 이 냄새에 '페트리코'라는 이름을 붙이고 연구해 왔어요.

그중 가장 많은 사람들의 지지를 받는 가설은 땅, 풀, 그리고 미생물의 작품이라는 거예요.

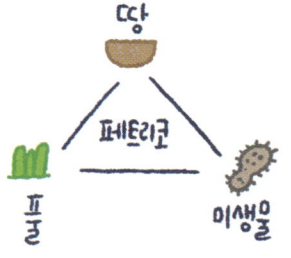

땅에는 죽은 식물에서 나온 기름이 스며들어 있어요.

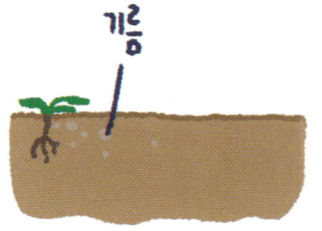

땅속의 박테리아가 만들어 낸 '지오스민'이라는 특별한 물질 역시 쌓여 있죠.

비가 오면 빗방울이 땅에 부딪히면서 작은 물방울들이 생겨나는데,

이 작고 가벼운 물방울들이 기름과 지오스민을 공기 중에 널리 퍼지게 만들어요.

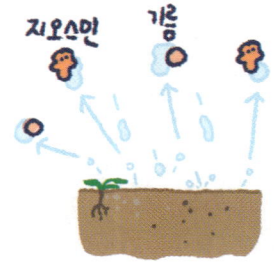

그래서 흙과 풀 주변에 있지 않아도 우리가 비 냄새를 맡을 수 있는 거죠.

불꽃놀이의 다양한 불꽃 색은 어떠한 원리일까?

집 앞의 큰 공원에서 불꽃놀이 축제가 열렸어요.
까만 하늘에 각양각색의 불꽃이 너무 아름다워요!
우리집 가스레인지의 불꽃은 파란색인데, 불꽃놀이의 불꽃은 어떻게 알록달록할까요?

펑펑~ 밤 하늘 위에 멋진 불꽃놀이가 펼쳐지고 있어요.

알록달록한 불꽃놀이의 불꽃 색은 어떠한 원리로 만들어지는 걸까요?

혹시 된장찌개를 보글보글 끓일 때 찌개가 넘쳐 흐르는 걸 본 적이 있나요?

갑자기 불꽃의 색이 노랗게 변하는 장면을 봤을 거예요.

그 이유는 찌개의 짠맛을 내는 소금에 포함된 '나트륨'이 불과 만나면 노란 빛을 내기 때문이에요.

이처럼 금속 원소들은 불과 만나면 여러 가지 색으로 빛나요.

불꽃놀이 화약 안에 다양한 금속 원소를 넣어 터트리면, 화약에 불이 붙었을 때 금속에 따라 다채로운 색으로 나타나게 되죠.

아 참, 불꽃 색을 보겠다고 혼자서 가스레인지를 켜면 절대 안 돼요!

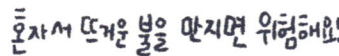

더 알아보기 **가스레인지의 불꽃 색은 왜 파란색인가요?**

불이 타오르기 위해서는 산소가 필요해요. 산소가 적을수록 물질이 완전히 타지 못하고, 낮은 온도의 붉은 불꽃이 만들어져요. 반면 산소가 많으면 물질이 완전히 타고, 높은 온도의 파란 불꽃이 만들어지죠. 가스레인지의 가스에는 미리 산소를 섞어 놓았기 때문에 가스가 완전히 타서 뜨거운 파란색 불꽃이 만들어지는 거랍니다.

커피를 마시면
왜 잠이 오지 않을까?

식탁 위에 엄마가 마시던 커피가 놓여 있어 한 모금 마셔 봤어요.
밤이 되어 잠에 들려고 했는데, 눈이 정말 말똥말똥한 거 있죠?
저는 도대체 언제 잠들 수 있는 걸까요?

호기심에 어른들이 마시는 커피를 마셔 본 적이 있나요?

커피를 마시고 잠이 오지 않아 고생하곤 하는데, 도대체 커피를 마시면 왜 잠이 오지 않는 걸까요?

우리 몸속에는 수면을 유도하는 '아데노신'이라는 물질이 있어요.

아데노신은 우리 몸을 나른하게 만들고 졸음을 불러와요.

그런데 커피 속의 '카페인'이라는 물질은 아데노신과 굉장히 비슷하게 생겼어요.

그렇기 때문에 뇌에 있는 아데노신 수용체 자리에 카페인이 대신 달라붙기 쉬워요.

그래서 우리가 커피를 많이 마시면 카페인을 오줌으로 배출하기 전까지 잠에 들지 못하는 것이랍니다.

어른들에 비해 아이들은 카페인 분해 능력이 떨어지니까, 호기심에 커피를 마시지 않도록 주의해요!

더 알아보기 그럼 커피는 몸에 좋지 않은 것 아닌가요? 커피를 왜 마시는 거죠?

적당한 양의 카페인은 집중력을 높이기 때문이에요. 하지만 카페인을 너무 많이 먹으면 심장에 좋지 않고 치질이 생기기도 한대요. 그러니 나중에 어른이 되어 커피를 마시게 되더라도 너무 많이 마시지 않도록 하세요!

짜장면을 먹을 때 국물이 생기는 이유는 무엇일까?

짜장면은 언제 어디서 누구와 함께 먹어도 맛있는 음식인 것 같아요.
짜장면을 열심히 비빈 후 먹다 보면 어느 샌가 짜장면에 없던 국물이 생기곤 해요.
이 국물은 왜 생기는 걸까요? 짜장면이 녹기라도 한 건가요?

일요일엔 가족들과 함께 짜장면을 자주 시켜 먹어요.

호로록 짜장면을 먹다 보면, 국물이 생기지 않나요? 도대체 이 국물은 왜 생기는 걸까요?

짜장소스는 춘장과 녹말가루로 만드는데요, 녹말가루는 짜장소스를 걸쭉하게 만드는 데 쓰여요.

우리의 침 속에는 녹말을 분해하는 아주 신비한 물질이 들어 있어요. 바로 '아밀레이스'라는 물질이에요.

아밀레이스는 소화 효소로, 쌀밥이나 감자 같은 탄수화물을 분해하는 역할을 해요.

짜장면을 먹을 때 침 속에 있던 아밀레이스가 그릇으로 들어가서 녹말을 분해하는데요,

녹말이 분해되면서 물이 생기기 때문에 짜장면을 먹을 때 물이 흥건하게 나오는 것이랍니다.

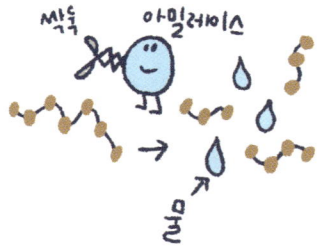

으악! 짜장면을 너무 열심히 먹어서 물이 너무 많이 생겨 버렸네요!

더 알아보기 **짜장면에 물이 생기는 게 싫은데, 무슨 방법이 없을까요?**

그릇으로 침이 들어가지 않게 하면 돼요. 짜장면을 작은 접시에 조금씩 덜어서 먹거나, 한입에 쏙 먹기 편하게 포크나 젓가락에 말아서 먹어 보세요.

나뭇잎은 왜 녹색일까?

햇빛이 따뜻하게 비치는 날, 나무 그늘 아래서 쉬면 정말 좋죠.
그늘 아래서 초록색의 나뭇잎을 볼 때면
기분이 상쾌해지고 마음도 평온해지는 것 같아요.
그런데 나뭇잎의 모양은 제각각인데, 왜 대부분 초록색을 띠는 걸까요?

여름철, 나무에 달린 잎은 거의 초록색이에요.

그런데 왜 하필 나뭇잎은 그 많은 색 가운데 초록색을 띠는 걸까요?

나뭇잎은 햇빛을 받으며 광합성을 하지만, 햇빛의 모든 빛을 흡수하는 건 아니에요.

바로 나뭇잎 안의 엽록소라는 성분은 파란색과 빨간색 빛을 많이 흡수하고,

초록색 빛은 반사하기 때문에 우리 눈에 초록색으로 보이는 것이랍니다.

여름이 지나면 엽록소가 분해되며 초록색 잎이 점점 옅어지는데요.

엽록소가 파괴되면 더 이상 초록색 빛을 반사하지 않아, 나뭇잎 속 다른 색소들의 색깔이 드러나 우리 눈에 보여요.

예쁜 풍경 속에도 우리가 몰랐던 과학 이야기가 숨어 있었네요.

더 알아보기 | 날씨가 추워지면 나뭇잎은 왜 나무에서 떨어지나요?

가을철이 되면 나뭇잎이 바닥에 떨어지는 것을 자주 볼 수 있죠? 나무는 뿌리에서 흡수한 물을 잎으로 보내 광합성에 사용해요. 습한 여름철과 달리 건조한 가을에는 물이 부족할 수 있기 때문에 나무가 스스로 잎을 떨어트려 자신을 보호하는 것이랍니다.

지렁이는 비가 오면 왜 기어 나올까?

비가 오는 날, 친구와 함께 빗길을 걷다가 지렁이를 밟을 뻔했어요.
밖으로 나오면 밟혀 죽을 수도 있는데, 왜 자꾸만 기어 나오는 걸까요?
저는 비가 오는 날엔 밖에 나가기 싫은데,
지렁이는 비 오는 날이 그렇게도 좋은 걸까요?

비가 오는 날이면 꿈틀꿈틀 기어 다니는 지렁이를 자주 볼 수 있어요.

지렁이는 왜 비가 오는 날이면 땅 밖으로 기어 나오는 걸까요?

지렁이는 땅속을 기어 다니며 땅을 비옥하게 만들어 주는 역할을 해요.

지렁이는 피부가 유일한 감각 기관이에요. 피부로 숨을 쉬고, 수분과 빛도 감지하죠.

그러면 지렁이가 사는 땅에 물이 가득차면 어떻게 될까요? 	땅속 빈 틈이 물로 가득차면 공기가 없어서 지렁이는 숨을 쉬지 못해 얼마 못 가 죽을 거예요. 
그래서 비가 오는 날이면 살기 위해 밖으로 나오는 것이랍니다. 	지렁이를 밟지 않도록 바닥을 잘 살피면서 돌아다니는 게 어떨까요? 

더 알아보기 지렁이는 땅 속에서 도대체 무슨 일을 하나요?

지렁이는 땅속을 기어 다니면서 공기 구멍을 만들어 물 빠짐을 좋게 해요. 게다가 낙엽, 미생물과 같은 쓰레기를 먹고 배설물을 뱉어 땅을 비옥하게 만들어 주는 아주 고마운 역할도 한답니다.

은행을 밟으면 왜 똥 냄새가 날까?

운동장에서 열심히 뛰어놀다가 실수로 은행을 밟아 버렸어요.
그래서 하루 종일 제 운동화에서 똥 냄새가 진동을 했죠.
도대체 은행에서는 왜 고약한 똥 냄새가 나는 걸까요?
은행 속에 정말 똥이라도 들어 있는 건가요?

은행나무 밑을 걷다가 실수로 은행을 밟아 본 경험이 있나요?

은행을 밟으면, 고약한 똥 냄새가 나죠. 왜 그런 걸까요?

은행에서 나는 고약한 똥 냄새의 원인은 겉껍질에 있어요.

은행의 겉껍질 안에는 은행산, 빌로볼과 같이 냄새가 고약한 물질이 들어 있어서 동물들이 접근하기 힘들어요.

다른 나무에서 열리는 열매들은 향기로운 냄새가 나는데 왜 은행은 고약한 냄새가 날까요?

그 이유는 특정 동물들만 은행을 먹도록 유인하기 위해서라고 해요.

동물이 은행을 먹은 후 소화되지 않는 씨앗을 배설하면 자손을 멀리 퍼트릴 수 있기 때문이죠.

> **더 알아보기** **은행이 열리지 않는 은행나무도 있나요?**
>
> 은행나무는 동물들처럼 암컷과 수컷이 구분되어 있어요. 은행은 암컷 은행나무에서만 열린다고 해요. 이 둘을 구분하는 방법은 은행나무에 열리는 꽃의 생김새를 보는 것인데, 암컷 은행나무의 꽃은 수컷에 비해 아주 작게 핀다고 해요. 때문에 은행나무의 꽃이 피어야지만 나무의 성별을 구분할 수 있어요.

코는 왜 고는 걸까?

밤만 되면, 저희 집에는 아빠의 코 고는 소리가 울려 퍼져요.
마치 공룡이 아빠의 몸에 들어간 것처럼 큰 소리가 나는데요.
도대체 코는 왜 고는 걸까요?
정말 아빠의 몸속에 공룡이라도 들어간 걸까요?

아빠의 코 고는 소리에 잠을 쉽게 들지 못했던 경험이 있나요?

그런데 사실 코 고는 소리는 코에서 나는 소리가 아니라 입에서 나는 소리예요.

그래서 코를 아무리 막아도 코 고는 소리가 멈추지 않았군!

우리가 숨을 쉴 때 공기가 지나가는 길을 '기도'라고 불러요.

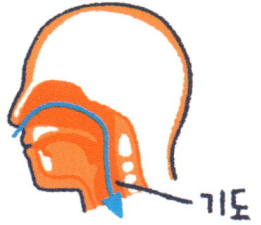

그런데 여러 가지 원인으로 기도가 좁아지기도 하는데요,

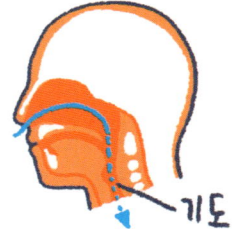

이처럼 좁아진 기도를 지나는 공기가 목젖과 입천장 혹은 혀뿌리 등을 진동시켜서 나는 소리가 코 고는 소리예요.

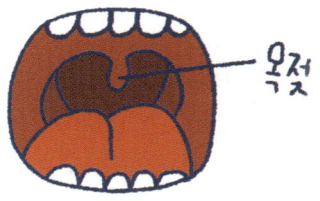

깨어 있을 때는 입과 목의 근육이 탄탄하게 유지되기 때문에 괜찮지만,

자는 동안에는 목과 혀의 근육이 늘어지기 때문에 코를 골게 되는 거예요.

가끔 코를 골면 괜찮지만, 매일같이 코를 곤다면 꼭 병원에 가 보도록 해요!

더 알아보기 유난히 코를 잘 고는 사람이 있나요?

코를 고는 이유는 공기가 드나드는 통로가 좁아졌기 때문이에요. 몸집이 큰 사람이나, 코나 목에 질병이 있는 사람들은 이 통로가 좁을 확률이 높기 때문에 유난히 코를 더 시끄럽게 고는 것이랍니다.

세상에 공기가 없다면 어떻게 될까?

친구와 숨 참기 내기를 하기로 했어요.
헉헉, 1분 동안 숨을 쉬지 않는 게 쉬울 줄 알았는데, 아니었어요.
만약 지구에 공기가 없다면 어떻게 될까요?
모두가 산소통을 끼고 생활해야 할까요?

환경 오염이 심해지면서 지구의 공기가 점점 더러워지고 있어요.

공기가 더러워질 일이 없도록 세상의 공기를 전부 없애면 어떻게 될까요?

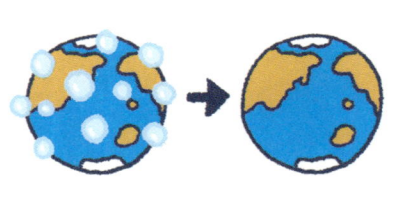

모두가 예상할 수 있듯이 우리가 숨을 쉴 수 없겠죠.

그런데 과연 숨만 쉬지 못할까요?

공기가 얼마나 중요한 역할을 하는지 알려 주지!

불이 활활 타오르기 위해서는 공기 중의 산소가 필요하기 때문에 당연히 불도 사라질 거예요.

그리고 우주에서 날아오는 우주 먼지와 자외선도 막을 수 없어요.

게다가 소리는 공기를 통해서 전달되므로 우리는 서로 말도 할 수 없어요.

공기가 없는 지구, 상상만으로도 무시무시하지 않나요? 그러니 공기를 소중하게 여기도록 해요!

더 알아보기 지구의 공기를 지키려면 무엇을 해야 할까요?

공기 오염의 주된 원인은 자동차 배기가스예요. 그러니 부모님과 외출할 때 자가용을 타기보단 대중교통을 이용하자고 말씀드려 보세요. 전기를 절약하는 것도 도움이 돼요. 전기를 만들려면 석탄이나 석유를 많이 써야 하기 때문이에요. 방에서 나갈 때는 전등 스위치를 꼭 끄기! 어때요? 지구의 공기를 지키는 것, 어렵지 않죠?

거울 속 내 모습과 사진 속 내 모습은 왜 달라 보일까?

거울 속 내 모습은 아무리 봐도 정말 멋진 것 같아요.
그런데 멋진 내 얼굴이 사진을 찍으면 이상하게 나와요.
사진 속 내 모습과, 거울 속 내 모습 모두 똑같은 나인데 왜 다르게 보이는 걸까요?

거울과 사진을 통해 보는 내 모습!

그런데 두 모습을 비교해 보면 사진 속 내 모습은 약간 낯설게 느껴져요.

도대체 거울 속 내 모습과 사진 속 내 모습은 왜 다른 걸까요?

사진은 남이 나를 보는 그대로의 모습이고,

거울은 좌우가 반전된 모양이에요.

하지만 우리는 주로 거울을 통해서 자신의 모습을 보기 때문에 좌우가 반전된 얼굴에 익숙해져 있죠.

우리의 뇌는 심리적으로 익숙한 것을 선호하는데요, 이를 '단순노출 효과'라고 해요.

사진 속 내 모습이 낯선 이유는 우리의 뇌가 익숙하지 않은 내 모습을 보았기 때문이에요.

사진과 거울 속 내 모습이 내 얼굴 같지 않은 이유, 이제 알겠죠?

거울 속 내 모습도 사진 속 내 모습도, 모두 자연스러운 내 모습이라는 사실을 잊지 마세요!

PART 03
재미있는 생활 속 과학

41 재밌어

시곗바늘이 오른쪽으로 도는 이유는 무엇일까?

모든 시계는 항상 오른쪽으로만 돌아요.
오른손잡이가 많아서 시계도 오른쪽으로만 도는 건가요?
그럼 전 왼손잡이니까, 왼쪽으로 돌아가는 시계도 만들어 주세요!

우리는 매일 시계를 보면서 살아가요. 시계가 있기 때문에 효율적으로 시간을 관리할 수 있죠.

그런데 왜, 시곗바늘은 항상 오른쪽으로만 돌까요?

그 이유는 생각보다 간단해요. 최초의 시계가 북반구에서 만들어졌기 때문이에요.

인류 최초의 시계는 해시계인데요,

해가 뜨고 지면서 생기는 그림자를 보며 시간을 알 수 있었어요.

해가 뜨고 지면서 생기는 그림자는 북반구에서는 오른쪽으로 움직이고 남반구에서는 왼쪽으로 움직이죠.

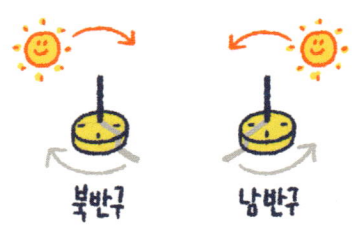

그래서 해시계를 본따 만든 지금의 시계도 오른쪽으로 돌고 있는 것이랍니다.

만약 최초의 시계가 남반구에서 만들어졌다면, 지금의 시계는 왼쪽으로 돌고 있을지도 모르겠네요!

더 알아보기 **시계의 '째깍째깍' 하는 소리는 왜 나는 건가요?**

시계의 뒷면을 열어 안을 살펴본 적이 있나요? 시계 안에는 시침, 분침, 초침의 움직임을 조절하는 각각의 톱니바퀴가 맞물려 돌아가고 있어요. 바로 이 톱니바퀴가 돌아가며 소리가 '째깍째깍' 하고 나는 것이랍니다.

살충제를 사람이 맞아도 괜찮을까?

오늘도 모기 한 마리가 잠을 방해하고 있어요. 살충제를 잔뜩 뿌리고 나서야 마음 편히 잘 수 있었어요. 그런데 살충제로 가득 찬 방에서 제가 잠을 자도 되나요? 모기도 죽는데, 전 정말 괜찮을까요?

벌레를 잡아 주는 살충제! 대부분 피레스로이드 계열의 살충제예요.

피레스로이드는 벌레를 죽이는 꽃인 제충국에서 나오는 '피레트린'을 인공적으로 합성한 성분이에요.

그러면 피레스로이드 계열의 살충제는 사람이 맞아도 괜찮을까요?

사람을 비롯한 대부분의 포유류는 피레스로이드 계열의 살충제를 분해할 수 있는 효소가 있어서 크게 문제가 되지 않아요.

하지만 살충제를 마구 뿌리면 위험해요! 살충제에는 피레스로이드 계열의 독성 물질인 '퍼메트린'이라는 성분이 극소량 들어 있어요.

'퍼메트린'은 신경 세포의 움직임을 촉진시켜요. 신경 세포가 과도하게 움직이면 숨이 벅차거나, 현기증을 느끼게 되죠.

따라서 방 안 가득 살충제를 뿌리거나, 살충제를 피부에 직접 뿌려서는 안 돼요.

모기를 잡으려다가 사람을 잡을 수 있는 살충제, 조심해서 써야겠죠?

더 알아보기 | 살충제가 담긴 통은 왜 흔들면 차가워지나요?

살충제에 사용되는 주성분은 기체 상태인데, 통 안에 꾹꾹 눌러 담다 보면 액체 상태로 존재하게 돼요. 이러한 통을 흔들면 안에 있는 액체 살충제가 열을 받아서 순간적으로 기체 상태가 되죠. 액체가 기체로 변할 때는 열을 흡수하기 때문에, 통이 차가워지는 거예요. 손소독제를 손에 발랐을 때 마르면서 시원해지는 원리와 같아요.

오렌지 껍질로 풍선을 터트릴 수 있다고?

친구와 손을 대지 않고 풍선 터트리기 내기를 했어요.
하지만 풍선을 터트릴 수 있는 방법이 도저히 떠오르지 않아요.
어떻게 하면 풍선에 손을 대지 않고 터트릴 수 있을까요?

우리는 보통 뾰족한 물건을 이용해서 풍선을 터트리곤 하는데요,

제가 오렌지 껍질을 이용해서 풍선을 터트리는 방법을 알려 드릴게요!

풍선에 대고 오렌지 껍질의 즙을 짜면 풍선이 터지게 돼요. 신기하죠?

도대체 어떻게 오렌지 껍질의 즙이 풍선을 터트리는 걸까요?

바로 오렌지 껍질 즙의 '리모넨'이라는 성분 때문이에요.

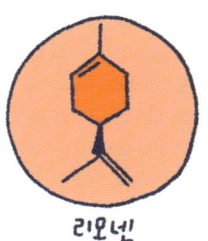

리모넨은 고무를 녹이는 성질을 가지고 있어요.

리모넨 성분이 풍선에 닿아 풍선의 고무가 녹기 때문에 풍선이 터지는 거죠.

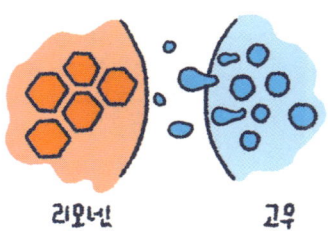

친구들과 손을 대지 않고 풍선 터트리기 내기를 한다면, 무조건 이길 수 있겠죠?

더 알아보기 손을 대지 않고 풍선을 터트리는 방법에 또 무엇이 있을까요?

오렌지 껍질처럼 리모넨을 포함한 음식으로 레몬이 있어요. 아니면 성냥에 불을 붙여 풍선 가까이 가져다 대면 불꽃이 산소를 써 버려, 풍선 주위의 기압이 낮아지면서 터지기도 해요. 하지만 이건 정말 위험하니 하지 않도록 해요.

번개에 맞을 확률은 얼마나 될까?

번쩍번쩍, 우르르 쾅쾅, 번개가 치면 가만히 있기만 해도 오싹해요.
"혹시 번개를 맞으면 어떡하지?" 하는 걱정, 한 번쯤 해 본 적 있죠?
그런데 사실 주변에서 번개를 맞았다는 사람을 본 적이 없긴 해요.
우리가 살면서 번개를 맞을 확률은 얼마나 될까요?

콰과쾅 내리치는 번개, 내 머리에 떨어지면 어쩌죠? 이 상상이 현실이 될 확률은 얼마나 될까요?

대부분의 번개는 하늘에서 사라지는데, 그중 땅까지 내리치는 번개를 우리는 '낙뢰'라고 불러요.

우리나라에서는 1년 동안 낙뢰가 얼마나 내리칠까요? 매년 다르지만, 평균 1만 번 정도라고 해요.

그러면 이 위험한 낙뢰에 맞아 다치거나 죽은 사람은 얼마나 될까요?

지난 2009년부터 2018년까지 10년간 46명이 낙뢰에 맞아 다치거나 죽었다고 해요.

우리나라 인구를 5천만 명이라고 치면, 1년 동안 5천만 명 중 5명이 낙뢰를 맞은 셈이에요.

5천만 명 중 5명 안에 들어갈 확률, 딱 봐도 낮아 보이죠?

또한 높은 건물에는 낙뢰를 받아들이는 뾰족한 피뢰침이 있어요. 안전한 곳에 있다면 번개 맞을 가능성은 0에 가깝다는 뜻이에요.

하지만 낙뢰가 치는 날에 높은 산이나 벌판에 간다면? 여러분이 낙뢰에 맞을 가능성이 갑자기 올라갈 거예요.

비 오는 날에는 산이나 넓은 공원에 가지 말고, 안전한 곳에 머물도록 하세요!

햇볕에 피부가 타는 이유는 무엇일까?

햇볕이 쨍쨍한 여름날,
친구들과 학교 운동장에서 축구를 했어요.
축구를 열심히 하고 거울을 보니 제 피부가 까무잡잡하게 타 버렸네요.
왜 햇볕을 오랫동안 쬐면 피부가 타는 걸까요?

햇볕이 강렬하게 내리쬐는 날 밖에서 놀면 얼굴과 팔다리가 까맣게 타 버려요.

햇볕을 쬐면 피부가 타는 이유가 뭘까요?

햇볕 아래에서 까무잡잡해진 피부는, 사실 햇볕 속 자외선을 막아 낸 흔적이에요.

피부에는 자외선이 피부 깊은 곳까지 들어오지 못하게 막아 주는 멜라닌 색소가 있어요.

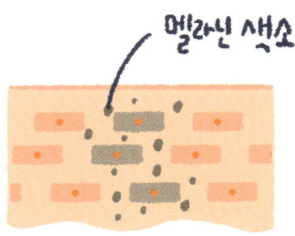

멜라닌 색소는 피부의 멜라닌 세포에서 만들어지는데요,

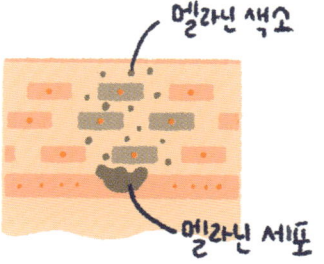

자외선이 피부에 내리쬐면 멜라닌 세포가 자극을 받아 멜라닌 색소를 만들기 시작해요.

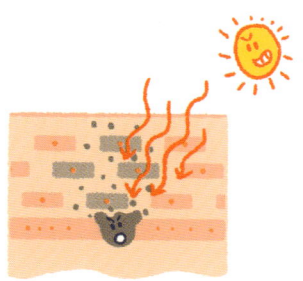

이렇게 만들어진 멜라닌 색소가 갈색이기 때문에, 피부가 검게 보이는 거예요.

자외선은 피부를 손상시킨다고 하니, 피부가 탔다고 너무 속상해하지 말아요!

> **더 알아보기** **형광등 불빛을 받아도 피부가 탈까요?**
>
> 결론부터 말하면, 피부가 탈 걱정은 안 해도 돼요. 형광등에서도 자외선이 조금 나오긴 하지만, 형광등을 감싸고 있는 유리가 자외선을 통과시키지 않거든요. 그러니 형광등에서 나오는 자외선이 우리 피부를 태울 가능성은 거의 없다고 볼 수 있어요.

햇빛을 보면 재채기를 하는 사람이 있다고?

제 친구는 햇빛이 강한 날이면 항상 재채기를 해요.
처음에는 왜 저러나 했는데, 일부러 그러는 건 아닌 것 같고…
왜 이 친구는 햇빛을 보면 재채기를 하는 걸까요?

햇빛을 보면 "에취!" 하고 재채기를 하는 사람을 본 적이 있나요?

터널을 빠져나올 때처럼, 어두운 곳에서 갑자기 밝은 빛을 봐도 재채기가 나와요.

이걸 '빛 재채기 반사'라고 불러요. 말 그대로 빛을 보면 재채기를 하는 현상이에요.

10명 중 3명은 빛 재채기 반사를 한다고 하니 생각보다 흔한 현상이죠.

어떤 과학자들은 눈과 코의 신경이 연결되어 있어서, 눈이 받은 자극에 코까지 반응하는 거라고 설명해요.

하지만 빛 재채기 반사의 정확한 이유는 아직 밝혀지지 않았어요.

빛을 보고 재채기를 한다고 해서 평소에 크게 문제가 되지는 않지만,

비행기나 자동차를 운전할 때 갑자기 재채기가 나오면 사고로 이어질 수 있어요.

이때 선글라스를 쓰면 눈에 들어오는 빛이 줄어들어 빛 재채기 반사를 막을 수 있죠.

주변에 햇빛을 보면 재채기를 하는 사람이 있는지 한번 찾아볼까요?

비 오는 날 우울한 이유는 무엇일까?

비가 후두두둑 쏟아지는 날이면,
뭔가 기운도 없어지고 기분도 우울한 것 같아요.
왜 그런 기분이 들까요?
빗방울이 머릿속 행복을 빼앗아 가는 걸까요?

비가 토독토독 쏟아지면 우울하다고 말하는 친구들이 있어요.

비가 오는 날 덜 행복하다고 느끼는 사람들, 이유가 무엇일까요?

소위 '행복 호르몬'이라고 불리는 세로토닌은 햇볕을 쬐면 쉽게 만들어지는데요,

비가 오는 날에는 햇볕을 못 받기 때문에 세로토닌이 충분히 만들어지지 않아요.

낮에 만들어진 세로토닌은 밤이면 '수면 호르몬'이라고 불리는 멜라토닌으로 바꾸는데,

햇볕을 못 받으면 멜라토닌으로 바뀔 세로토닌이 얼마 없겠죠? 그래서 쉽게 우울해지고 밤에 잠도 잘 못 자게 되는 거예요.

세로토닌의 재료가 되는 음식을 많이 먹어 두면 비 오는 날에 느끼는 우울함을 없애는 데 도움이 돼요.

바나나 견과류 두부

치즈 닭고기

무엇보다도 평소 햇볕 아래에서 규칙적인 운동을 하며 세로토닌을 만들어 두는 것이 좋아요!

더 알아보기 **여름에 만든 세로토닌을 겨울까지 가지고 있을 순 없나요?**

세로토닌은 저장되는 것이 아니라 혈관을 통해 우리 몸속을 떠돌아다녀요. 그리고 항상 일정한 양을 유지하는 경향이 있죠. 그래서 여름이나 겨울이나 세로토닌이 일정한 양을 유지할 수 있도록 규칙적인 생활 습관을 가지는 것이 중요하답니다.

고구마를 먹으면 방귀가 나오는 이유는?

동생과 함께 고구마를 맛있게 먹었어요.
그런데 동생이 계속 방귀를 뀌는 거 있죠?
앗, 동생뿐만이 아니라 저도 계속 방귀가 나오네요.
고구마를 먹으면 왜 방귀가 나오는 걸까요?

맛있는 고구마! 겨울철에 인기 있는 간식 중 하나죠.

그런데 고구마를 먹으면 방귀가 자주 나오지 않나요?

그 이유는 고구마에 들어 있는 '아마이드'라는 성분 때문이에요.

고구마에 풍부한 섬유질은 사람의 위와 소장에서 소화할 수 없어서 그대로 대장으로 내려가는데요,

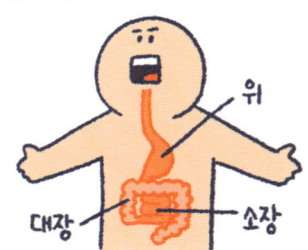

대장에 살고 있는 미생물들이 섬유질을 분해해요.

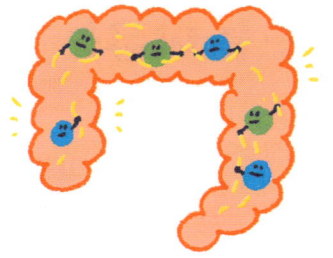

고구마 속 아마이드는 미생물들이 섬유질을 더 잘 분해하도록 부추기는데,

섬유질이 많이 분해될수록 가스가 많이 나오기 때문에 고구마를 먹으면 평소보다 더 자주 방귀를 뀌는 거랍니다.

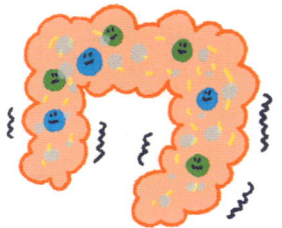

방귀쟁이가 되기 싫다면 무엇이든 골고루 적당히 먹는 게 좋겠죠?

더 알아보기 고구마가 방귀 냄새도 지독하게 만드나요?

아니에요. 평소보다 더 자주 방귀를 뀔 뿐 냄새가 지독해지진 않아요. 방귀를 지독하게 만드는 음식은 단백질이 많은 고기, 달걀, 우유 등이에요. 단백질 속 유황 성분이 고약한 냄새를 만드는 거죠. 유황이 많이 들어 있는 무나 파를 많이 먹어도 방귀 냄새가 지독해진다고 하네요.

놀이기구를 타고 내려갈 때 몸이 붕 뜨는 느낌이 드는 이유는?

학교에서 놀이공원으로 소풍을 왔어요.
재빨리 롤러코스터 타는 줄에 섰죠. 그런데 이런 놀이기구를 탈 때마다
몸이 붕 뜨는 느낌이 드는데 이 짜릿함은 왜 느끼는 걸까요?

놀이기구를 타면 가슴이 철렁하거나 붕 뜨는 느낌을 받을 수 있는데요,

놀이기구를 탈 때 이러한 스릴을 느끼는 이유는 무엇일까요?

손에 들고 있던 물건을 놓으면 아래로 떨어져요.

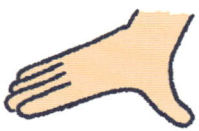

당연한 말이지만 중력이 작용하기 때문이에요.

하지만 땅 아래까지 뚫고 떨어지진 않죠? 그 이유는 바로 수직항력이라는 힘 때문이에요.

수직항력은 물체가 바닥에 닿아 있을 때 바닥이 물체를 미는 힘이에요.

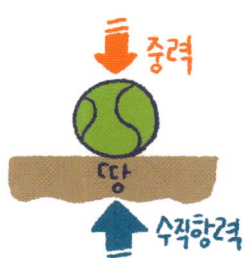

평소 우리의 몸은 중력과 수직항력을 둘 다 받는 데 익숙해져 있는데,

놀이기구를 타고 위에서 아래로 떨어질 때는 수직항력이 없어지고 중력만 느끼게 돼요.

그래서 평소에 느끼지 못했던 이상한 느낌, 즉 스릴을 느낄 수 있는 것이랍니다.

헬륨 가스를 마시면 왜 목소리가 변할까?

친구의 생일 파티에 갔더니 헬륨 풍선이 있었어요.
헬륨 풍선 안에 있는 헬륨을 마시니
제 목소리가 이상하게 변해 버렸어요.
헬륨은 어떻게 제 목소리를 외계인처럼 만드는 거죠?

헬륨 가스를 마시면 목소리 톤이 높아지고 빠르게 말하는 것처럼 들리죠.

그런데 왜 헬륨 가스를 마시면 목소리가 이상하게 변할까요?

목소리는 허파에서 나온 공기가 목 아래쪽의 성대를 진동시키고 입안의 공기를 지나면서 만들어져요.

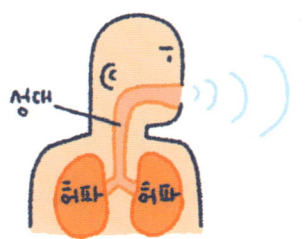

그런데 헬륨 가스의 밀도는 공기보다 훨씬 낮고 가볍기 때문에,

목소리가 입안의 헬륨 가스를 지나며 평소보다 빠르게 성대를 빠져나와요.

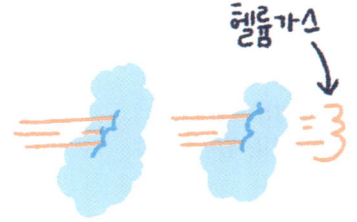

속도가 빨라지면 소리가 더 많이 진동해서 평소 목소리보다 높은 목소리가 나오는 거예요.

이렇게 헬륨 가스를 마시고 목소리가 오리처럼 변하는 현상을 디즈니 캐릭터의 이름을 따 '도널드 덕 효과'라고 부른답니다.

입안 헬륨 가스가 다 사라지면 다시 목소리는 정상으로 돌아오니 걱정 말아요.

> **더 알아보기** **사람마다 목소리가 다른 이유는 무엇일까요?**
>
> 우리의 목소리는 성대에서 만들어지는데, 사람마다 성대의 크기와 모양이 달라요. 그래서 성대에서 만들어지는 진동이 다르고, 공기를 통해 전달되는 목소리가 다르게 들리는 것이랍니다. 이러한 원리를 이용해서 악기를 만들기도 해요.

정전기는 왜 발생할까?

무심코 방문을 열 때, 귀여운 강아지를 만졌을 때,
친구의 손을 잡을 때, 털옷을 만졌을 때
따끔한 정전기가 발생해서 깜짝 놀라곤 해요.
찌릿찌릿 따끔한 정전기는 도대체 왜 생기는 걸까요?

따끔! 갑자기 찾아오는 정전기 때문에 화들짝 놀라곤 해요.

건조한 겨울만 되면 우리를 괴롭히는 정전기, 도대체 왜 생기는 걸까요?

모든 물체는 다양한 종류의 원자로 이루어져 있어요.

모든 원자는 중심의 '원자핵'과 그 주변을 도는 '전자'로 이루어져 있고요.

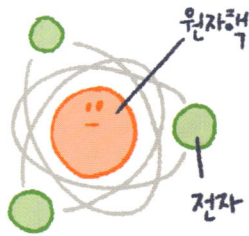

원자핵과 달리 전자는 이동이 비교적 자유로워서 이 원자 저 원자를 옮겨 다니죠.

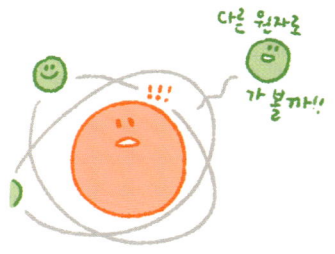

물체와 물체 사이에 마찰이 생기면 전자는 원자에서 떨어져 나와 돌아다니는데요,

이때 전자를 얻은 물체와 전자를 빼앗긴 물체는 원래의 상태로 되돌아가려고 해요.

즉 전자가 많은 쪽에서 전자가 적은 쪽으로 전자들이 이동해 균형을 맞추려 해요.

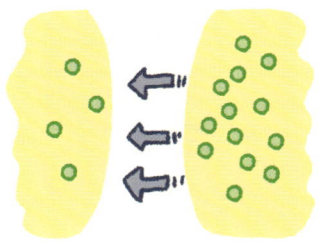

이와 같이 전자들이 이동할 때 지지지직! 생기는 것이 바로 정전기예요.

구름 속 전자가 땅 쪽으로 이동할 때 발생하는 번개도 정전기와 같은 원리랍니다.

사람마다 느끼는 오이의 맛이 다르다고?

제 주변에는 오이를 싫어하는 친구가 많아요.
김밥이나 냉면에 오이가 들어가면 전부 골라낸 후 먹어요.
저는 오이가 맛있기만 한데, 친구들은 왜 유독 오이를 싫어하는 걸까요?

친구들 중, 유난히 오이가 쓰다며 싫어하는 친구가 한 명쯤 있지 않나요?

똑같은 오이가 왜 사람마다 맛이 다르게 느껴지는 걸까요?

오이에는 '쿠쿠르비타신'이라는 물질이 들어 있어요.

오이가 해충이나 초식동물로부터 자신을 보호하기 위해 만든 독성 물질이죠.

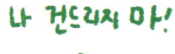

이 물질은 우리가 오이를 먹을 때 혀를 자극해 쏜맛을 느끼게 해요.

그런데 이 쏜맛을 유난히 강하게 느끼는 사람이 있어요.

쏜맛에 얼마나 민감하게 반응하는지를 결정하는 유전자가 있는데,

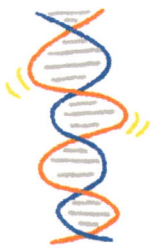

이 유전자의 유형에 따라 쏜맛을 느끼는 정도가 달라요.

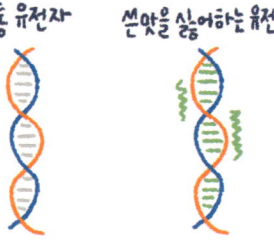

쏜맛에 민감할수록 오이의 쿠쿠르비타신을 더 쓰게 느끼고, 결국 오이를 싫어하게 되죠.

그냥 싫어하는 줄 알았던 오이 속에 숨어 있는 과학, 참으로 흥미롭죠?

딸꾹질은 왜 하는 걸까?

딸꾹딸꾹 갑자기 딸꾹질을 해서 손에 들고 있던 음료수를 옷에 흘렸어요.
갑자기 시작된 딸꾹질만 아니었으면,
음료수를 흘리지도 않고 옷도 더러워지지 않았을 텐데…
도대체 딸꾹질은 왜 하는 걸까요?

갑자기 딸꾹질을 해서 곤란했던 경험이 있나요? 	나를 힘들게 하는 딸꾹질은 예고도 없이 갑자기 찾아오곤 하죠. 
우리 몸에는 숨을 들이쉬고 내쉬는 것을 조절하는 '횡격막'이라는 근육이 있어요. 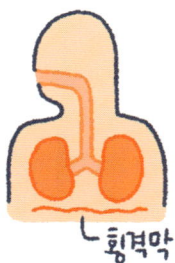	이 횡격막이 갑자기 경련을 일으키듯 오그라들 때가 있는데요, 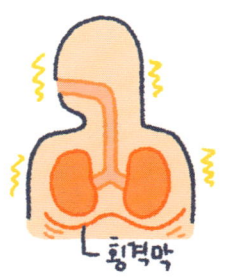

음식을 급하게 많이 먹거나 탄산음료를 마셔서 위에 음식이나 공기가 가득 찰 때,

혹은 깜짝 놀라거나 스트레스를 받았을 때 횡격막이 오그라든다고 해요.

이 과정에서 성대가 닫히면서 딸꾹 하는 소리가 나와요. 이게 딸꾹질이죠.

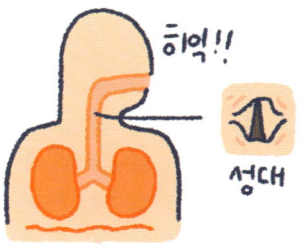

> **더 알아보기** **딸꾹질을 멈추게 하는 방법이 있을까요?**
>
> 시간이 지나면 딸꾹질은 자연스럽게 사라지지만, 너무 오래 지속되면 괴롭기도 해요. 이럴 땐 오그라들었던 횡격막을 다시 펴 주어야 해요. 차가운 물을 빠르게 마시거나, 얼음을 아작아작 씹어 먹으면 횡격막 주변의 신경을 자극할 수 있어요. 자극을 받은 신경이 횡격막을 펴 주면 딸꾹질을 멈출 수 있답니다.

갑각류는 익으면 왜 빨갛게 변할까?

부모님과 함께 제가 제일 좋아하는 꽃게를 사러 수산시장에 갔어요.
그런데 수조 속에 있는 꽃게의 색이 제가 알던 색과는 달랐어요.
사장님이 꽃게를 익히니 그제서야 제가 알던 붉은색이 됐어요!
혹시 사장님이 꽃게를 익힐 때 색소를 넣는 건가요?

살아 있는 꽃게나 바닷가재를 실제로 본 적이 있나요? 검푸른색을 띠고 있어요.

우리가 먹는 맛있는 바닷가재는 붉은색인데, 어떻게 된 일일까요?

살아 있는 바닷가재가 검푸른색인 이유는 '아스타잔틴'과 '크루스타시아닌' 때문이에요.

아스타잔틴은 바닷가재들이 먹는 바닷속의 미생물에 있는 붉은색 색소고요,

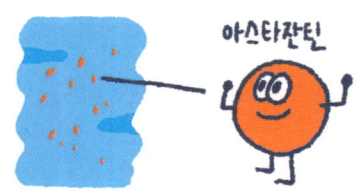

크루스타시아닌은 바닷가재의 껍질에 있는 단백질이에요.

미생물을 먹고 자란 바닷가재의 몸은 아스타잔틴과 크루스타시아닌이 결합해 검푸른색을 띠어요.

검푸른색의 바닷가재는 천적의 시선을 피해 몸을 숨길 수 있답니다.

그런데 바닷가재가 요리될 때 크루스타시아닌은 열을 받아 성질이 변하고 아스타잔틴과도 떨어져 버려요.

크루스타시아닌은 변했지만, 아스타잔틴은 열을 받아도 변하지 않기 때문에 자기가 가지고 있는 빨간색을 드러내죠.

그래서 우리가 요리로 보는 바닷가재와 갑각류는 빨간 것이랍니다.

종이는 물에 젖으면 왜 쭈글쭈글해질까?

숙제를 하다가 실수로 교과서에 물을 쏟아 버렸어요. 드라이어로 열심히 교과서를 말렸는데, 물이 다 말랐는데도 종이가 짝 펴지지 않고 쭈글쭈글하지 뭐예요. 왜 종이는 물에 젖으면 원래대로 되지 못하고 쭈글쭈글해지는 걸까요?

책에 물이나 주스를 쏟아 본 적이 있나요?

물에 젖으면 아무리 말려도 다시 짝 펴지지 않죠. 왜일까요?

그 이유는 종이가 그물같이 생겼기 때문이에요.

이렇게 그물같이 생겼기 때문에 우리는 종이를 큰 힘을 들이지 않고 쉽게 찢을 수 있는 거죠.

그런데 종이가 물에 닿으면, 종이의 빈 공간에 물이 들어가서 종이를 엉망진창으로 만들어요.

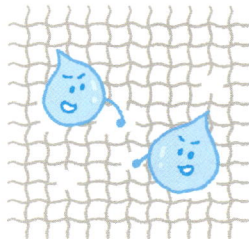

게다가 종이를 구성하고 있는 물질 중 일부분이 물에 녹아서 사라지기도 하죠.

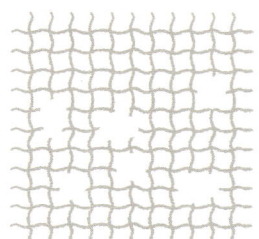

그러니 종이를 말려도 원래 있던 구조가 무너져 버렸기 때문에 쭈글쭈글해지는 것이랍니다.

> **더 알아보기** **물에 젖어 쭈글쭈글해진 책을 원래대로 만드는 방법이 있을까요?**
>
> 물이 얼면 팽창하는 원리를 이용해서 쭈글쭈글한 책을 원래 상태로 되돌릴 수 있어요. 책에 묻은 물기를 잘 닦고 냉동실에 넣어 두면, 남아 있던 물이 얼면서 부피가 팽창해요. 그 공간 사이로 종이 입자들이 들어가면, 조직이 잘 정렬되어 원래 상태와 비슷해진답니다.

56 재밌어

내가 나를 간지럽히면 왜 덜 간지러울까?

친구들과 간지럼 참기 시합을 하기로 해서 집에서 저 혼자 연습을 했어요.
분명히 저 혼자 연습했을 때는 오랫동안 잘 참았는데
친구들이 간지럽히면 왜 더 간지러운 걸까요? 저만 모르는 간지럽히기 비법이 있는 건가요?

간질간질, 간지럼을 참는 건 너무 어려운 일이에요.

그런데 왜 스스로 간지럼을 태울 때는 덜 간지러운 걸까요?

우리가 간지럼을 느끼는 이유는 뇌와 관련되어 있답니다.

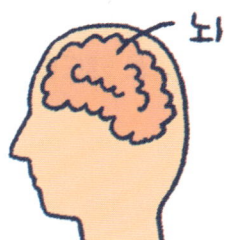

간지럼을 잘 타는 겨드랑이, 목, 발바닥 같은 부위는 동맥과 신경이 지나는 곳이에요.

누군가 나를 간지럽히면 동맥과 신경을 지키려고 뇌에서 위험신호를 보내요.

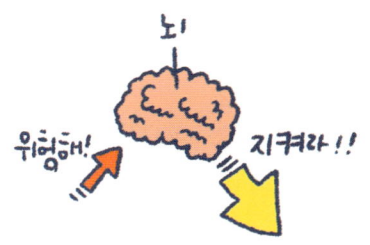

그런데 우리가 스스로 간지럼을 태울 때는 뇌가 위험신호를 보내지 않아요.

내 손이 내 몸의 어디를 어떻게 간지럽힐지 뇌가 전부 알고 있기 때문이죠.

반면 남이 간지럽히는 경우는 언제, 어떻게, 얼마나 간지럽힐지 모르죠.

그렇기 때문에 남이 태우는 간지럼은 정말 간지럽다고 느끼는 거예요.

어때요? 간지럼 참기 대결을 해 볼까요?

똥은 왜 갈색일까?

빨간색 김치, 초록색 시금치, 검정색 콩…
우리가 먹는 음식은 정말 다양한 색을 가지고 있어요.
그런데 화장실에서 싸는 똥은 항상 갈색이죠.
똥은 왜 다양한 음식의 색이 아니라 갈색으로 나오는 걸까요?

밥을 먹으면 똥이 나오는 건 인지상정!

그런데 무슨 음식을 먹든 똥은 항상 갈색으로 나와요. 왜 그런 걸까요?

그 이유는 핏속의 적혈구, 그리고 그 속에 들어 있는 헤모글로빈에 있어요.

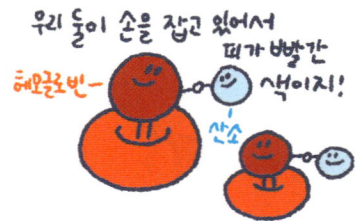

오래된 적혈구가 간이나 비장에서 파괴되면서 헤모글로빈도 파괴되고, 그 과정에서 노란색 '빌리루빈'이라는 물질로 변해요.

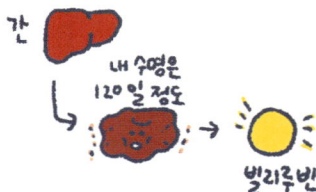

이렇게 만들어진 빌리루빈은 신장으로 옮겨져 오줌과 함께 나가거나,

쓸개에 모여 있다가 장으로 배출돼요.

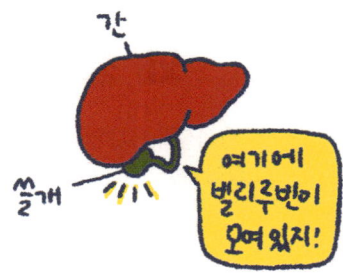

장으로 넘어간 노란 빌리루빈은 장 속 미생물들과 만나 '스터코빌린'이라는 갈색 물질로 변하는데,

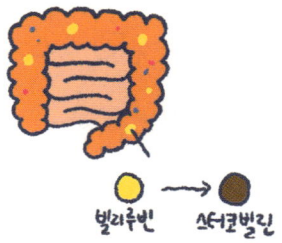

바로 이게 똥색의 정체예요!

초록색 시금치를 먹는다고 초록색 똥을 싸는 게 아니라는 사실, 이제 알겠죠?

만약 내 똥이 갈색이 아니라면, 건강에 문제가 있을 수도 있으니 엄마에게 말씀드려 병원에 가 보세요!

동물은 양치질을 안 하는데 왜 충치가 안 생길까?

양치질을 하지 않아도 충치가 생기지 않으면 얼마나 좋을까요?
그런데 야생 동물들은 양치질을 하지 않아도 충치가 생기지 않던데…
제가 보지 않을 때 몰래 양치질을 하는 건가요?

야생에 살고 있는 동물들이 스스로 양치질을 하는 모습을 본 적이 있나요?

동물들은 양치질도 하지 않는데 왜 충치가 생기지 않는 거죠?

충치의 원인은 뮤탄스균인데요, 이 균은 우리가 먹는 음식물 속 당분을 먹고 살아요.

뮤탄스균이 만든 젖산이 치아 표면의 에나멜을 부식시키고 그곳에 충치가 발생하는 거예요.

즉, 충치가 발생하는 원인은 뮤탄스균이 얼마나 많은 당분을 먹느냐에 있어요.

동물 역시 뮤탄스균 때문에 충치가 생길 수도 있지만,

동물이 섭취하는 음식 속에는 당분이 거의 없기 때문에 충치가 생길 확률이 매우 낮아요.

동물과 달리 우리는 당분을 자주 섭취하니, 충치가 생기지 않도록 열심히 양치질을 해야겠죠?

더 알아보기 **저희 집 강아지도 충치가 생길 수 있나요?**

집에서 기르는 반려동물도, 우리들이 자주 먹는 당분이 있는 음식을 먹으면 충치가 생길 수 있어요. 게다가 동물은 자신의 약한 모습을 드러내지 않으려고 고통을 참는 습성이 있으니, 치아의 건강이 악화된 이후에 우리가 알아차릴 수도 있어요. 그러니 우리가 주기적으로 치과에서 검진을 받는 것처럼 반려동물도 관리가 필요해요.

피는 빨간데 왜 핏줄은 파랄까?

으앗, 책장을 넘기다가 실수로 손가락이 베었어요.
엄마가 연고를 발라 주시는데, 팔에 보이는 핏줄이 파란색인 거 있죠?
그런데 피는 빨간색인데, 피가 지나다니는 핏줄은 왜 파란색으로 보이는 걸까요?
샤워를 열심히 하지 않아서 때라도 껴서 그런 건가요?

팔에 난 핏줄, 무슨 색인지 확인해 볼까요? 아마 다들 푸르스름한 색일 거예요.

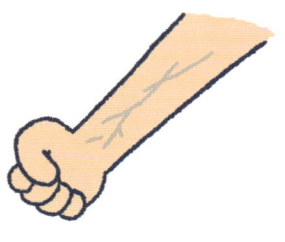

그런데 우리가 알고 있는 피는 빨간색인데 왜 핏줄은 파란 걸까요?

우리 몸속 혈관은 크게 동맥과 정맥 두 가지로 나뉘어요. 동맥에서는 심장에서 몸 전체로 신선한 산소와 영양분을 전달하고요,

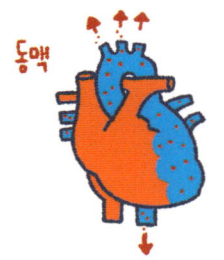

정맥에서는 몸에 산소를 전달하는 임무를 마친 피가 다시 심장으로 돌아와요.

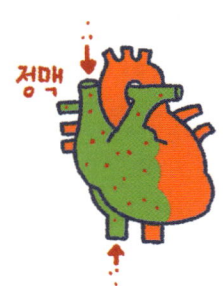

피는 세포에서 버린 이산화탄소와 노폐물을 가지고 정맥을 통해 심장으로 돌아와요.

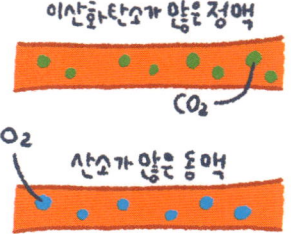

헤모글로빈은 산소와 결합하면 빨간색을 띠고 산소를 잃으면 검붉은색을 띠기 때문에, 동맥에 흐르는 피는 빨간색을 띠는 반면,

산소가 별로 없는 정맥에 흐르는 피는 검붉은색을 띠죠.

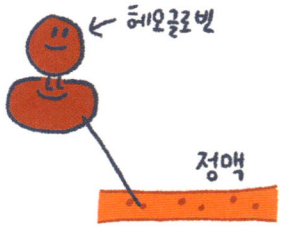

게다가 정맥은 동맥에 비해서 상대적으로 피부에 가깝게 위치해요.

검붉은색의 피가 흐르는 정맥이 피부색과 겹쳐져서 최종적으로 혈관이 파란색으로 보이는 거예요.

팔과 손, 목 등 온몸에 퍼져 있는 정맥을 찾아보세요!

새똥은 왜 흰색일까?

학교 앞 나무에는 커다란 새 둥지가 하나 있어요.
나무 밑에는 흰색 새똥이 잔뜩 묻어 있죠.
우리들의 똥은 어두운 갈색인데, 새똥은 왜 흰색인 걸까요?
매일 우유라도 잔뜩 먹어서 똥이 흰색인 건가요?

길을 걷다 보면 건물이나 자동차에 새똥이 묻은 것을 자주 볼 수 있는데요,

다른 동물이나 사람이 싸는 똥은 갈색인데, 왜 새가 싸는 똥은 흰색일까요?

새는 하늘을 날아다녀야 하기 때문에 몸이 매우 가벼워야 해요.

그래서 새는 오줌을 모아 두는 방광이 없고 오줌을 그냥 똥과 함께 배설해요.

새똥이 흰색인 이유는 바로 새의 오줌 때문이에요.

새의 오줌에는 요산이라는 물질이 들어 있는데, 이게 흰색을 띠고 있어요.

그래서 새의 똥이 흰색으로 보이는 것이랍니다.

보다 정확하게 말하면 새똥이 아니라 새의 배설물이겠죠?

더 알아보기 새의 배설물 속 요산은 우리에게 어떠한 영향을 미칠까요?

일반적인 자연환경 속에는 요산을 분해하는 미생물이 풍부해 큰 지장이 없지만, 도심 속 자동차나 건축물은 요산의 산 성분 때문에 부식될 수 있어요. 그래서 새똥이 묻으면 빨리 청소하는 게 좋답니다.

PART 04
고마운 생활 속 과학

우산은 비를 맞아도 왜 젖지 않을까?

갑자기 비가 내려서 재빨리 우산을 썼어요.
그런데 잠시만 비를 맞아도 옷은 흠뻑 젖어 물이 뚝뚝 떨어지고 몸에 달라붙는데,
왜 우산은 한참 비를 맞아도 젖지 않는 걸까요?

비 오는 날, 사람들은 우산을 써요. 그래서 비를 맞지 않고 잘 다닐 수 있죠.

하루는 갑작스러운 소나기에 비를 조금 맞았는데, 옷이 흠뻑 젖어 버렸지 뭐예요.

우리가 입는 옷은 잠시만 비를 맞아도 홀딱 젖어 버리는데, 왜 우산은 젖지 않을까요?

우산의 천 부분은 '폴리에스테르'라는 섬유로 만들어져요.

폴리에스테르 섬유는 매우 가늘어서 섬유 사이의 구멍이 물 알갱이보다 더 작답니다. 그래서 물이 잘 스며들지 않아요.

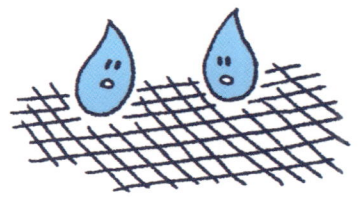

게다가 물은 자기들끼리 뭉치려는 '표면장력'이라는 힘이 강하기 때문에 작은 구멍을 통과하기가 어렵죠.

그렇지만 폴리에스테르 섬유가 아무리 촘촘하고 물의 표면장력이 강해도 비가 스며들 수 있기 때문에, 은 등으로 코팅해서 확실하게 비를 차단한답니다.

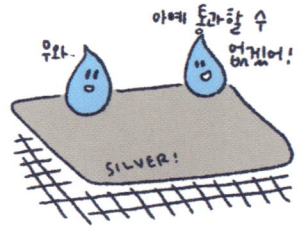

> **더 알아보기** **우산 대신 양산을 사용해도 될까요?**
>
> 우산은 은박이나 PVC(폴리비닐클로라이드)와 같은 방수 소재를 이용해서 코팅을 해요. 반면 양산은 자외선을 차단하기 위해 UV 코팅을 하죠. 양산을 써도 비를 어느 정도는 막을 수 있지만, 우산과 달리 비가 천에 스며들어 물이 샐 수 있어요. 급한 경우가 아니라면 우산을 쓰는 게 좋겠죠?

피자는 동그란데
피자 박스는 왜 네모날까?

띵동~! 초인종 소리의 주인공은 바로 맛있는 피자!
네모난 피자 박스를 받자마자 뚜껑을 열어 보니, 동그란 피자가 먹음직스럽게 담겨 있어요.
그런데 피자는 동그란 모양인데 피자 박스는 왜 네모난 모양일까요?

상큼한 토마토 소스와 다양한 토핑에 쭈욱 늘어나는 치즈로 먹는 재미가 있는 맛있는 피자!

대부분의 피자는 동그란 모양인데 피자 박스는 왜 네모난 모양일까요?

피자 박스는 골판지라는 종이로 만들어요.

골판지는 단단한 종이 사이에 골이 진 종이를 끼워 넣어 밖에서 오는 충격을 막아 주는데요,

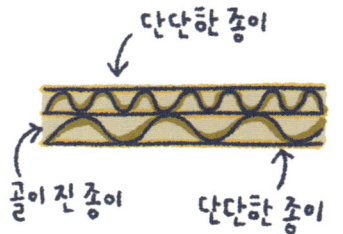

골판지의 구조상 골판지를 원형으로 자르기란 매우 힘든 일이에요.

이런 골판지로 피자 박스를 굳이 동그랗게 만들려면 만들기도 힘들고 비용도 많이 들어요.

반면 네모난 박스는 제조 과정이 간단해서 대량으로 척척 만들 수 있고,

높이 쌓아서 보관하기도 아주 좋아요.

뿐만 아니라 상자 구석의 빈 공간에 수증기가 모여 피자가 눅눅해지는 걸 막아 준답니다.

선글라스의 원리는 무엇일까?

최고의 멋 내기 아이템 선글라스는
사실 햇볕으로부터 눈을 보호하기 위해 만들어졌어요.
햇볕은 많이 쬐어야 좋다고 들었는데,
어째서 사람들은 햇볕을 막는 선글라스를 쓰는 걸까요?

선글라스는 1930년대에 전투기 조종사의 눈을 보호하기 위해 만들어졌다고 해요.

선글라스는 도대체 어떤 원리로 우리의 눈을 보호해 주는 걸까요?

햇빛에는 우리 눈에 좋지 않은 영향을 끼치는 '자외선'이 있어요.

자외선에 눈이 장시간 노출되면 눈에 화상을 입거나 심한 경우 시력을 잃을 수도 있어요.

선글라스는 폴리카보네이트와 아크릴 등의 물질을 렌즈에 코팅해서 만드는데요,

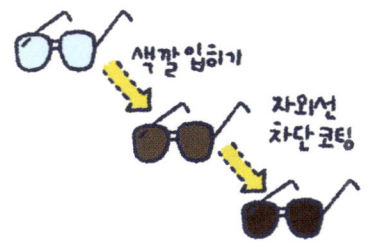

이런 특수한 물질들은 자외선을 차단해 눈을 보호해 준답니다.

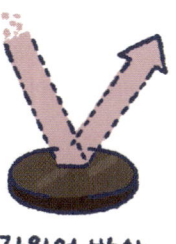

그리고 밝은 곳에서도 눈부심 없이 잘 볼 수 있게 도와주죠.

맑은 날에는 우리 모두 선글라스를 쓰고, 눈 건강을 지키는 멋쟁이가 되어 보아요!

더 알아보기 선글라스 렌즈의 색깔이 다양한 이유가 있나요?

선글라스 렌즈에 코팅을 하면 렌즈의 색을 다양하게 만들 수 있는데요, 색에 따라 선글라스의 역할이 바뀌게 된답니다. 갈색 렌즈는 밝음과 어두움의 경계를 뚜렷하게 해 주어 물체를 선명하게 볼 수 있게 도와줘요. 녹색 렌즈는 눈에 전해지는 자극을 덜어 주어 눈을 편안하게 해 준답니다.

가루약을 왜 알약으로 만들까?

저는 알약을 삼키는 게 너무나 힘들어요.
한입에 털어 넣고 물을 마셔도 물만 넘어가고 알약은 남아 있죠.
너무 커서 먹기 힘든데,
쓰긴 해도 그냥 가루 내어 먹으면 안 되나요?

우리가 먹는 알약에는 다양한 종류가 있어요.

왜 어떤 알약은 뭉쳐서 만들고 어떤 알약은 캡슐로 만드는 걸까요?

캡슐 형태의 알약 안에는 가루약이 들어 있어요.

가루약이 동그랗게 잘 뭉쳐지지 않기 때문에 캡슐에 담아서 삼키기 좋게 만드는 거죠.

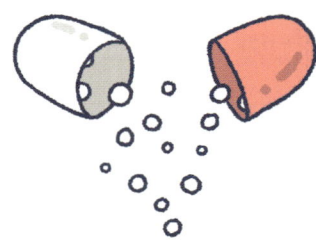

하지만 한 가지 이유가 더 있어요. 바로 약의 성분을 특정 부위까지 잘 전달하기 위해서예요.

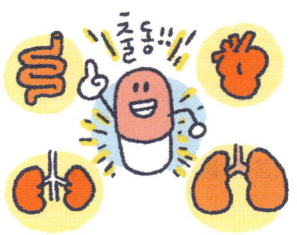

약이 원하는 부위에 도달하기 전에 몸에 흡수되어 버리면 약효를 제대로 발휘할 수 없어요.

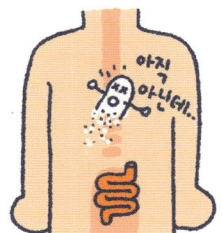

다시 말해 캡슐은 약을 지켜 주는 방패이자 목적지까지 데려다주는 자동차인 셈이에요.

그러니 알약을 삼키기 힘들다고 캡슐 안의 가루만 빼서 먹으면 안 돼요!

더 알아보기 **알약 캡슐은 무엇으로 만드나요?**

우리가 먹는 알약 캡슐은 '젤라틴'이라는 성분으로 만들어져요. 젤라틴은 동물들의 피부나 연골에서 나온 물질을 깨끗하게 처리한 단백질을 말해요. 때문에 먹어도 해롭지 않고 우리 몸속에 자연스레 녹아들 수 있는 것이랍니다.

안경을 쓰면 잘 보이는 이유는 무엇일까?

칠판이 잘 보이지 않아 친구의 안경을 빌려 써 봤어요.
안경을 쓰니까 칠판이 선명하게 잘 보이네요.
그런데 안경을 쓰면 왜 멀리 있는 물체나 글자를 잘 볼 수 있는 걸까요?

안경은 어떠한 원리로 잘 보이지 않는 것들을 잘 보이게 해 주는 걸까요?

우리가 물체를 볼 수 있는 이유는 물체의 빛이 우리 눈의 수정체를 통과해 망막에 상이 맺히기 때문이에요.

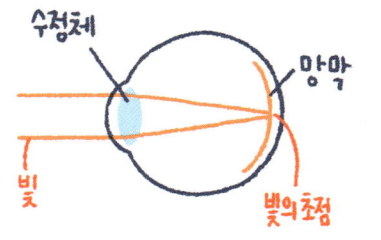

멀리 있는 것이 잘 보이지 않는 경우를 '근시'라고 해요. 빛의 초점이 망막보다 가까이, 앞에 맺힌다고 해서 붙여진 이름이에요.

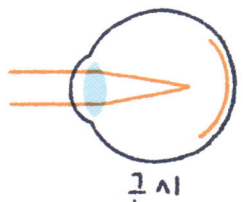

가까이 있는 것이 잘 보이지 않는 경우는 '원시'라고 해요. 빛의 초점이 망막 뒤, 멀리 맺힌다고 해서 붙여진 이름이고요.

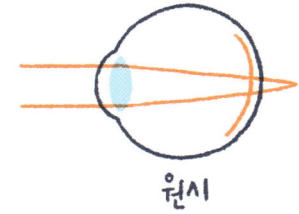

망막에 물체의 상이 제대로 맺히게 하기 위해 안경은 두 가지의 렌즈를 사용해요.

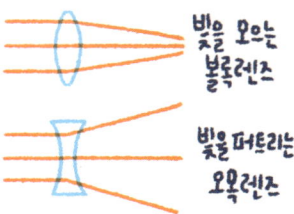

'근시'의 경우 빛을 퍼트리는 오목렌즈 안경을 이용해 망막에 상이 맺히게 하고요,

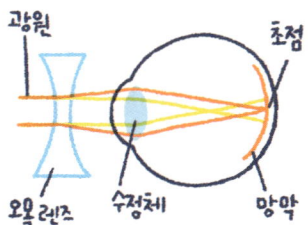

'원시'의 경우 빛을 모으는 볼록렌즈 안경을 이용해 망막에 상이 맺히게 해요.

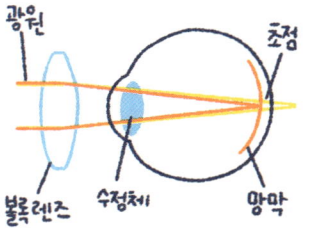

안경을 쓰면 잘 볼 수 있긴 하지만, 사실 안경은 불편한 점이 꽤 많답니다.

안경 없이는 아무것도 안 보여.

마스크를 끼면 뿌옇게 서리는 김!

안경만 쓰면 눈이 작아 보이네!

마스크 쓰고 벗을 때도 불편해!

그러니 눈이 피로해지지 않도록 밤늦게까지 휴대폰을 보거나, TV를 너무 가까이 보지 말자고요!

66
고마워

선크림을 바르면 피부가 타지 않는 이유는 무엇일까?

깜박하고 선크림을 한쪽 팔에만 바르고 축구를 했어요.
다음 날 보니 선크림을 바르지 않은 팔만 새까맣게 탔네요.
선크림은 어떻게 피부를 타지 않게 보호해 주는 걸까요?

자외선 차단제는 햇빛의 자외선으로부터 피부를 보호하기 위해 바르는 제품이에요.

강한 자외선을 받으면 피부를 보호하기 위해 멜라닌 세포가 많이 생성되면서 피부가 검게 보여요.

그렇다면 선크림은 어떤 원리로 자외선으로부터 우리의 피부를 보호해 주는 걸까요?

선크림의 주성분은 이산화티타늄과 산화아연이라는 매우 작은 나노 입자예요.

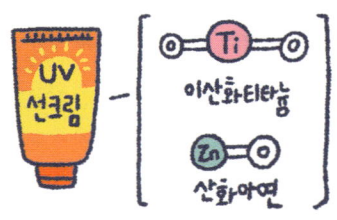

선크림의 나노 입자들은 피부에 스며들지 않고 얼굴에 남아 있어요.

얼굴에 남아 있는 나노 입자들이 자외선을 흡수하지 않고 반사시키기 때문에, 선크림을 바르면 얼굴이 하얗게 보이죠.

자외선을 피부에 닿지 않게 해 주는 참 고마운 선크림이지만,

땀이나 물에 쉽게 씻겨 나가기 때문에 자주 발라 줘야 한답니다.

> **더 알아보기** **제 친구의 선크림은 발라도 얼굴이 하얗게 뜨지 않아요. 왜 그런 거죠?**
>
> 친구의 선크림에는 나노 입자 대신 다른 화학 물질이 들어 있어요. 이 화학 물질은 나노 입자처럼 얼굴에 남아 자외선을 반사시키지 않고, 피부에 잘 스며들어 피부 대신 자외선을 흡수해 줘요. 피부에 잘 스며드는 선크림인 만큼 피부에 자극을 줄 수 있답니다.

핫팩은 어떻게 뜨거워질까?

추운 겨울, 주머니 속에 손을 넣으면 따스함이 전해져 와요.
바로 핫팩을 넣어 두었기 때문이에요.
작지만 엄청난 따뜻함을 자랑하는 핫팩.
그런데 이 조그만 핫팩은 어떻게 따뜻해지는 걸까요?

포장 비닐을 뜯어 살짝 흔들어 주면 금세 따뜻해지는 핫팩.

핫팩은 어떠한 원리로 따뜻해지는 걸까요?

핫팩은 부직포 주머니에 철가루, 약간의 물, 활성탄, 소금을 넣은 후 공기가 통하지 않게 비닐로 밀봉하여 만들어요.

핫팩의 비닐을 뜯으면 공기 중의 산소가 부직포를 통과해 핫팩 안의 철가루와 만나는데요,

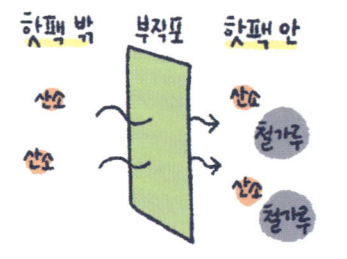

철과 산소가 만나 생기는 반응을 산화 반응이라고 해요. 이 과정에서 열이 발생하죠.

오래된 철에 녹이 스는 것이 대표적인 산화 반응의 예랍니다.

우리 주변에서 일어나는 산화 반응은 매우 천천히 오랫동안 진행되어 열이 나는 것을 잘 느끼지 못하지만,

핫팩 안에서는 많은 양의 미세한 철가루가 산소와 많이 접촉하면서 산화 반응이 아주 빠르게 진행된답니다.

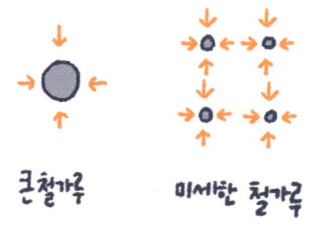

핫팩 안의 활성탄과 소금물은 철과 산소가 더 잘 반응하도록 해서 짧은 시간 안에 많은 열을 발생시켜요.

작은 핫팩 하나에 숨겨진 엄청난 과학 원리! 오늘도 과학 덕분에 따뜻한 하루를 보냅니다.

과자 봉지 안쪽이 은색인 이유는 무엇일까?

모두가 맛있는 과자를 먹을 수 있도록 과자 봉지를 활짝 펼쳤어요.
그런데 과자 봉지 안쪽의 색은 하나같이 반짝이는 은색이네요.
과자 봉지 안쪽은 왜 모두 은색인 건가요?

언제 먹어도 맛있는 과자! 여러분은 과자 봉지 안쪽을 들여다본 적이 있나요?

과자 봉지의 안쪽은 왜 항상 은색으로 되어 있을까요?

과자 봉지를 만들 때 중요한 건 산소와 빛을 차단하는 거예요. 과자의 맛을 변하게 하고 눅눅하게 만들거든요.

과자 봉지는 3겹의 포장지로 구성되어 있는데, 비닐 사이에 알루미늄 층이 들어간 구조예요.

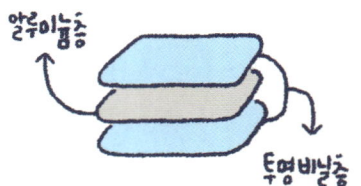

과자 봉지에 쓰이는 비닐에는 미세한 구멍이 뚫려 있기 때문에 공기 속의 산소가 과자 봉지 안으로 들어갈 수 있어요.

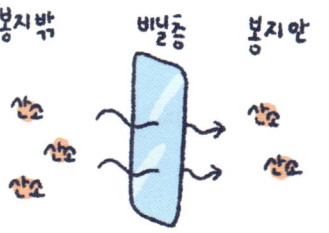

그래서 알루미늄으로 봉지를 코팅해 빛과 산소를 차단하는 거예요.

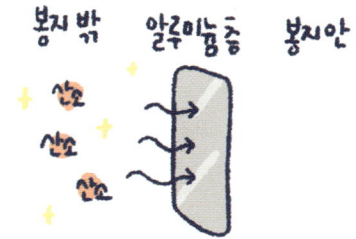

그런데 알루미늄은 서로 잘 붙지 않기 때문에, 서로 잘 붙는 비닐 사이에 알루미늄을 끼워서 과자 봉지를 만드는 거예요.

이렇게 과자 회사가 꼼꼼하게 과자 봉지를 만든 덕에 우리는 바삭한 과자를 먹을 수 있어요.

더 알아보기 과자 봉지가 빵빵한 이유는 무엇일까요?

과자 회사에서는 과자 봉지 안에 질소라는 기체를 가득 채워서 빵빵하게 만들어요. 질소는 산소와 달리, 과자를 눅눅하게 하거나 맛을 변하게 하지 않거든요. 그리고 과자 봉지를 빵빵하게 하면 과자 봉지가 충격을 받아도 안에 들어 있는 과자가 잘 부서지지 않기 때문이랍니다.

세균은 모두 나쁠까?

저는 세균이 정말 싫어요.
세균 때문에 손도 자주 씻어야 하고, 양치질도 꼬박꼬박 해야 하니까요.
세균이 없다면 귀찮은 일들이 줄어들 텐데!
세상에 있는 모든 세균이 사라진다면 얼마나 좋을까요?

'세균'이라고 하면 어떤 이미지가 떠오르나요? 나쁘거나 해로운 이미지를 떠올리지 않나요?

그런데 말이죠, 정말 세균이 그렇게 나쁘기만 한 걸까요?

사실 세균은 이 지구에 없어서는 안 되는 존재예요. 하는 일이 정말 많죠!

우선 세균은 죽은 동식물을 먹어 치워요. 안 그러면 온 지구가 쓰레기로 뒤덮일 거예요.

세균은 우리 몸속에서도 중요한 역할을 해요. 우리가 먹은 음식물을 소화하는 일을 돕거든요.

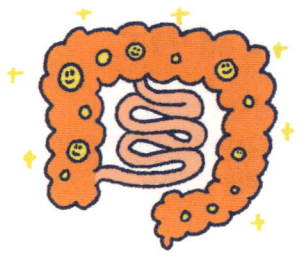

특히 유산균은 면역력을 높여서 나쁜 세균으로부터 우리 몸을 보호하는 역할을 해요.

그래서 우리는 요구르트나 김치 등의 발효된 유산균을 섭취하죠.

한편 세균 과학자인 알렉산더 플레밍은 푸른 곰팡이에서 항생제의 종류인 '페니실린'이라는 물질을 발견했는데,

페니실린은 우리 몸에 해를 끼치지 않으면서, 전염성이 있는 세균은 죽이고 병을 치료해 줘요.

어때요? 세균이 꼭 나쁜 것만은 아니죠?

연고를 바르면 상처가 아무는 이유는 무엇일까?

아얏! 돌멩이에 걸려 넘어져서 무릎에 큰 상처가 생겼어요.
제법 큰 상처였는데 꾸준히 연고를 바르니 어느새 상처가 아물고 새살이 돋았어요.
그런데 연고는 어떤 원리로 상처를 낫게 하는 건가요?

몸에 상처가 나면 연고를 바르죠.

상처에 연고를 바르면 왜 상처가 낫는 걸까요?

사실 상처를 아물게 하는 건 연고가 아니라 우리 몸이에요.

상처가 나면 우선 혈액 속 혈소판이 엉겨붙어 상처 부위를 막아 피가 더 이상 나지 않게 해요.

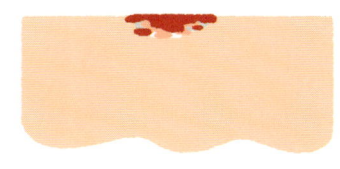

상처 주변의 세균과 죽은 세포를 백혈구들이 청소하고요,

상처를 딱지로 덮은 다음, 죽은 세포 대신 새로운 피부 세포를 만들어 내서 상처를 메꿔요.

연고는 상처가 낫는 동안 나쁜 세균이 더 들어오지 못하도록 막아 주는 역할을 해요.

물론 어떤 연고는 세균의 증식을 막고, 또 어떤 연고는 새살을 돋게도 하지만,

연고는 상처를 낫게 해 주는 도우미 역할을 할 뿐이에요.

그러니 상처를 빨리 낫게 하고 싶으면 잘 먹고, 잘 자는 게 중요하겠죠?

엘리베이터 버튼 위의 구리 필름, 정말 항균 효과가 있을까?

평소처럼 엘리베이터를 타고 버튼을 누르려고 하는데,
버튼 위에 구리 필름이 붙여져 있었어요.
세균을 막기 위해 붙였다는데, 어떻게 이런 걸로 세균을 막을 수 있죠?

엘리베이터를 타면 버튼에 연한 갈색 구리 필름이 붙어 있는 걸 볼 수 있어요.

세균이나 바이러스를 막기 위해 붙였다는데, 대체 어떤 원리일까요?

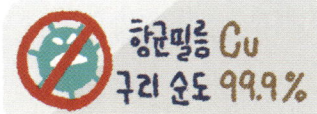

손으로 엘리베이터 버튼을 누르면 손에 있는 세균이나 바이러스가 버튼에 옮겨붙고,

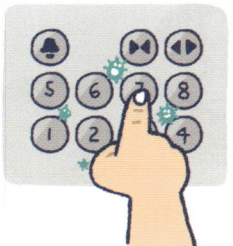

이것들이 다시 다른 사람 손에 옮겨붙어 감염이 돼요.

그런데 구리 필름 위에서는 세균과 바이러스가 빨리 죽어 버려요.

어떤 학자들은 구리가 세균의 껍질을 공격하기 때문이라고 하고,

어떤 학자들은 구리가 세균이나 바이러스 속으로 들어가 힘을 못쓰게 한다고 하죠.

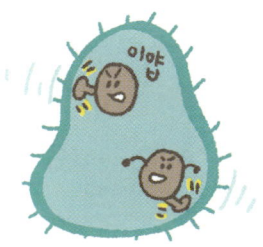

어쨌든 다른 사람에게 감염되기 전에 세균과 바이러스가 죽어 버리기 때문에 감염을 예방할 수 있는 거예요.

물론 세균과 바이러스가 구리에 닿자마자 죽는 건 아니고, 몇 시간 동안은 살아 있을 수 있어요.

그러니 너무 구리 필름만 믿지 말고, 엘리베이터 버튼을 누른 후에는 손을 깨끗하게 씻어야겠죠?

매운 음식을 먹을 때 우유를 마시는 이유는 무엇일까?

편의점에서 친구와 매운 라면을 먹었어요.
매워서 혀에 부채질을 하고 있는데, 친구가 우유를 마시면 좀 나아진대요.
정말인가요?

매운 음식을 먹을 때면 물을 계속 마셔도 고통이 쉽게 사라지지 않아요.

이럴 때 사람들은 종종 우유를 마시곤 하는데 우유를 마시면 왜 고통이 사라지는 걸까요?

우리가 먹는 매운맛의 정체는 '캡사이신'이라는 물질이에요.

이 캡사이신은 우리의 혀에 계속 붙어서 매운 맛을 느끼게 하는데요,

물에 잘 녹지 않고 대신 지방에 잘 녹는 특징이 있어요.

그래서 매운 음식을 먹고 지방이 풍부한 우유를 마시면,

우유 속 지방이 혀에 남은 캡사이신을 녹여서 떼어 내기 때문에 매운 맛을 덜 느낄 수 있죠!

더 알아보기 — 우유 말고 매운 음식과 함께 먹으면 좋은 음식이 있나요?

많은 사람들이 매운맛을 극복하기 위해 우유보다는 단맛이 나는 과일맛 음료를 마시고는 해요. 단맛이 매운맛을 가려 주거든요. 하지만 이런 음료는 혀에 붙은 캡사이신을 떼어 내는 데는 별로 효과가 없기 때문에, 매운맛을 빨리 없애고 싶다면 우유를 더 추천해요.

거짓말 탐지기는 어떠한 원리로 작동할까?

거짓말 탐지기를 이용해 범인을 잡는 드라마를 보았어요.
거짓말 탐지기는 대체 무슨 원리로 사람들의 거짓말을 구분할 수 있나요?
기계가 사람의 마음을 읽는 게 이해가 되지 않아요.

거짓말 탐지기 장난감에 손을 올리고 거짓말을 하면 우웅 하고 기계가 진동하죠.

거짓말 탐지기가 거짓말과 참말을 구분하는 원리가 뭘까요?

사람은 거짓말을 할 때 저도 모르게 긴장을 하게 되는데, 그중 한 가지 반응이 식은땀이 나는 거예요.

피부에 땀이 많이 흐를수록 전류가 더 잘 흐르는데요,

거짓말 탐지기는 미세한 전류를 내보내서 전류가 잘 통하면 거짓말이라고 판단해 기계를 진동시키죠.

그러니까 우리가 흔히 보는 장난감 거짓말 탐지기는 사실 손에 땀이 나는지 확인하는 기계예요.

하지만 땀을 많이 흘리는 이유가 거짓말 때문이 아니라 그냥 긴장했을 수도 있고, 원래 손에 땀이 많을 수도 있죠.

그래서 진짜 거짓말 탐지기는 땀뿐만 아니라 다양한 몸의 반응을 살피게 되어 있어요.

또 여러 가지 과학적인 질문을 던져서 거짓말과 참말을 할 때의 차이를 더 정확하게 짚어 내죠.

장난감은 장난감일 뿐! 진짜 거짓말을 잡아내지 못하니까 너무 몰입하지 않도록 해요.

74 고마워

온도계로 어떻게
온도를 알 수 있을까?

동네 목욕탕에는 온도계가 달려 있어요.
너무 더워서 온도계를 쳐다보니, 온도계가 지금 목욕탕 안의 온도를 알려 주네요.
온도계는 어떻게 이렇게 친절하게 온도를 알려 주는 걸까요?

이렇게 생긴 온도계, 어디서 많이 본 것 같죠? 여기저기서 널리 쓰이는 온도계예요.

체온을 잴 때 쓰는 디지털 온도계와 달리, 눈금이 그려져 있고 벽에 항상 걸려 있어서 보기만 하면 온도를 알 수 있죠.

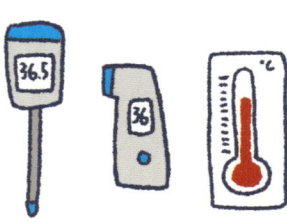

이 온도계는 어떠한 원리로 온도를 측정하는 걸까요?

온도계 안에 있는 빨간 액체는 투명한 알코올에 빨간 색소를 첨가한 거예요.

알코올은 온도 변화에 굉장히 민감해요.

우리가 추울 때 몸을 웅크리는 것처럼 알코올도 추우면 몸을 웅크리고,

마구마구 뛰어다닐 때 더위를 느끼는 것처럼 알코올도 더운 곳에서 뛰어다녀요.

이처럼 온도에 따라서 부피가 일정한 비율로 변하는 알코올의 성질을 이용해 만드는 거예요.

하지만 알코올은 78도에서 끓기 때문에 더 높은 온도를 측정할 수 없다는 단점도 있죠.

소화기로 어떻게 불을 끌 수 있을까?

과학 실험을 하다가 그만 불이 나 버렸어요!
당황하지 않고 소화기를 분사해 불을 껐죠.
그런데 소화기에서 나오는 흰색 가루의 정체가 궁금해졌어요.
소화기 안에 들어 있는 흰색 가루는 어떻게 불을 끄는 걸까요?

소화기를 흔들어 보면 소화기 안에 무언가 들어 있다는 걸 알 수 있어요.

불은 물에 약하니까 소화기 안에는 당연히 물이 들어 있다고 생각할 수 있지만,

실제로 소화기를 써 보면 미세한 하얀 분말이 뿜어져 나와요.

이 가루가 어떻게 불을 끌 수 있는 걸까요?

불이 활활 타오르려면 산소가 필요해요. 산소와 불이 만나면 불의 힘이 세지고 몸집도 커지게 되죠.

미세한 분말은 불이 산소와 만나지 못하게 막아 줘요.

산소와 만나지 못한 불은 힘을 잃고 꺼지게 되는 거죠.

아하, 불도 살아가려면 우리처럼 산소가 필요한 거였어요!

더 알아보기 소화기가 없으면 어떻게 불을 꺼야 할까요?

불이 산소와 만나지 못하게 막을 수 있으면 뭐든 좋아요! 흙을 뿌려도 되고, 두꺼운 이불로 불을 덮어 버리는 것도 방법이에요. 주방에서 불이 났을 때는 배춧잎이나 냄비 뚜껑으로 덮어 불을 끌 수도 있어요. 한편 물을 뿌리면 발화점 이하로 온도가 낮아져 불을 끌 수 있죠.

탈취제의 원리는 무엇일까?

체육 시간에 운동을 했더니 땀범벅이 되었어요.
엄마가 챙겨 준 탈취제를 옷에 뿌렸더니
땀 냄새가 말끔히 사라졌어요.
탈취제는 어떻게 땀 냄새를 없애 주는 걸까요?

짭짤한 땀 냄새, 불쾌한 화장실 냄새를 맡기 싫을 때 우리는 탈취제를 사용하죠.

그런데 탈취제는 어떻게 불쾌한 냄새를 쏙 없애 주는 걸까요?

탈취제에는 '사이클로덱스트린'이라는 물질이 들어 있어요.

모양이 제법 특이한데요, 가운데에 작고 동그란 구멍이 뚫려 있어요.

사이클로덱스트린은 냄새를 끌어당겨 이 구멍 안에 가두어 버려요.

구멍에 갇힌 냄새 분자는 꼼짝하지 못하게 되어 더 이상 퍼지지 않고, 냄새를 가둔 채로 증발해서 악취를 제거해요.

화장실에서 자주 보는 숯도 탈취제와 원리가 같아요.

더 알아보기 화장실이나 베란다에 있는 숯은 어떻게 냄새를 없애나요?

숯을 자세히 보면 아주 미세한 구멍이 송송 뚫려 있어요. 사이클로덱스트린이 냄새를 가둔 것처럼 숯의 미세한 구멍 속에 냄새가 갇혀서 꼼짝하지 못하는 거예요. 미세한 구멍이 전부 냄새로 차 버리면 더 이상 냄새를 없애지 못하니, 숯을 바꿔 줘야겠죠?

눅눅해진 과자를 살리는 방법은?

과자 한 봉지를 뜯고 먹다가 절반 이상이 남았어요.
내일 먹으려고 과자를 책상 위에 뒀는데
바삭했던 과자가 금세 눅눅해졌어요.
눅눅해진 과자를 다시 바삭하게 만드는 방법, 어디 없을까요?

과자를 뜯을 때는 다 먹을 수 있을 것 같은데 결국 다 못 먹고 남기게 되곤 해요.

아무리 꽉 밀봉해도 눅눅해져 버리는 과자, 다시 살리는 방법이 있을까요?

바삭했던 과자가 눅눅해지는 이유는 공기 중에 있던 수분이 과자에 붙기 때문이에요.

그렇다면 과자를 다시 바삭하게 만들려면 수분을 없애면 된다는 결론을 내릴 수 있죠!

가장 쉬운 방법은 바로 전자레인지를 이용하는 거예요.

전자레인지는 과자 속 수분을 날려 버려서, 다시 과자를 바삭하게 만들어 준답니다.

단, 과자 봉지에는 알루미늄이 있기 때문에 봉지째로 돌리면 절대 안 돼요!

전자레인지 덕분에 남은 과자를 버리지 않고 바삭하게 먹을 수 있겠죠?

> **더 알아보기** **과자가 눅눅해지지 않게 보관하는 방법이 따로 있을까요?**
>
> 과자 봉지 안에 수분을 잘 흡수하는 물질을 두면 과자 대신에 수분을 흡수해요. 그게 바로 각설탕이랍니다! 각설탕 2~3개를 과자 봉지 안에 넣어 두고 보관하면 과자가 눅눅해지는 것을 방지할 수 있어요.

78 고마워

입안에서 톡톡 튀는 사탕은 어떠한 원리일까?

친구가 저에게 재미있는 사탕을 줬어요. 사탕을 입에 넣었더니, 입안에서 사탕이 톡톡 터지기 시작했어요. 이렇게 신기한 사탕은 어떻게 만드는 건가요? 사탕에 폭탄이라도 집어 넣은 건가요?

입안에서 톡톡 튀는 재미있는 사탕을 먹어 본 적이 있나요?

먹기 전에는 가만히 있다가 입안에만 넣으면 톡톡 튀는 이 사탕, 어떻게 만든 걸까요?

이 사탕은 사실 우리가 자주 마시는 탄산음료랑 원리가 비슷해요.

탄산음료 속 이산화탄소가 입에서 튀는 것처럼, 입안에서 톡톡 튀는 사탕에도 이산화탄소가 들어 있거든요.

사탕을 만드는 과정에서 이산화탄소를 듬뿍 넣은 다음 재빨리 사탕을 얼려 이산화탄소를 가두어 버리죠.

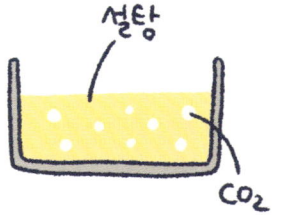

사탕을 먹으면 사탕이 침에 녹고, 이때 사탕 속에 있던 이산화탄소가 나와서 입안에서 구르는 거예요.

이산화탄소 덕에 입안에서 톡톡 튀는 재미있는 사탕을 먹을 수 있는 것이랍니다.

아아, 톡톡 튀는 것이 폭탄이 아니라 이산화탄소였다니 정말 다행이에요.

더 알아보기 이산화탄소를 이용하여 만든 다른 간식은?

집에서 만들어 먹기도 하고, 나들이 가서 사 먹기도 하는 달콤한 달고나에도 이산화탄소가 들어가요. 달고나를 만들 때 젓가락으로 소다를 콕 찍어 넣고 신나게 저어 주면 달고나가 부풀어 오르죠? 소다가 뜨거운 설탕의 열기 때문에 분해되어 이산화탄소를 만드는데, 바로 이 이산화탄소가 공기층으로 남아 바삭바삭한 달고나가 된답니다.

독감백신은 왜 주기적으로 맞아야 할까?

매년 가을이 되면, 저는 제 동생 손을 잡고 독감 예방주사를 맞으러 가요.
주사를 맞는 건 매우 아프지만 덕분에
추운 겨울철에도 독감에 걸리지 않을 수 있는 것 같아요.
그런데 독감 예방주사는 왜 매년 새로 맞아야 하는 걸까요?

독감에 걸리지 않기 위해서 우리는 매년 독감 예방주사를 맞아요. 백신이라고도 하죠.

그런데 독감 예방주사는 왜 매년 맞아야 하는 걸까요?

그 이유는, 하나의 백신은 한 종류의 바이러스만 예방할 수 있기 때문이에요.

백신은 우리 몸에 약한 바이러스를 미리 넣어 싸우게 하거나,

바이러스가 들어와도 우리 몸이 잘 맞서 싸울 수 있게 설계도를 알려 주는 원리예요.

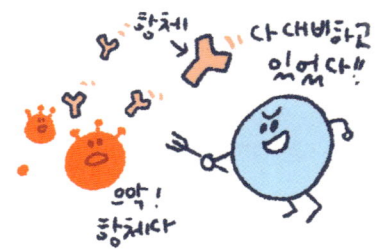

그런데 바이러스는 가만히 있지 않고 자꾸 스스로를 변화시켜요.

작년에 A 바이러스 백신을 맞았는데, A가 A^+가 돼서 나타나면 내가 맞은 백신이 소용없어지는 거예요!

그래서 우리는 새로 등장하는 무서운 바이러스에 걸리지 않기 위해서 매년 예방접종을 맞아요.

세계보건기구(WHO)에서 일하는 많은 과학자들은 매년 유행할 바이러스를 예측하고 발표해서 사람들이 적절한 백신을 맞게 도와요.

나와 내 주변 사람들의 건강을 위해, 과학자들의 노력을 무시하지 않고 백신을 잘 맞아야겠죠?

엑스레이의 원리는 무엇일까?

친구들과 재미있게 축구를 하다가 다리가 아파서 병원에 갔어요.
의사 선생님이 엑스레이를 찍으라고 하셨죠.
카메라로 아무리 사진을 많이 찍어도 뼈는 찍을 수 없는데
엑스레이는 어떻게 제 몸속의 뼈를 찍는 걸까요?

몸속의 뼈에 이상이 있는 것 같으면 우리는 병원에 가서 엑스레이를 촬영하는데요,

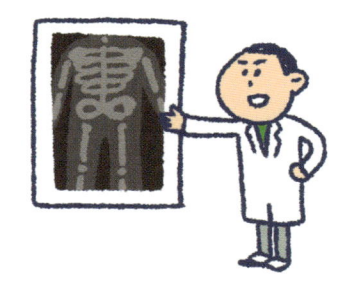

덕분에 수술 없이도 몸속 뼈를 볼 수 있어요.

엑스레이는 도대체 어떠한 원리로 뼈를 찍을까요?

엑스레이 기계는 우리 몸을 향해 엑스선이라고 하는 특별한 빛을 쏘아요.

엑스선은 파장이 매우 짧기 때문에 물질을 통과할 수 있는 능력이 있어요.

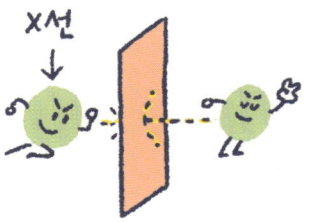

몸을 구성하는 근육이나 장기는 쉽게 통과하는 반면, 뼈는 쉽게 통과하지 못하죠.

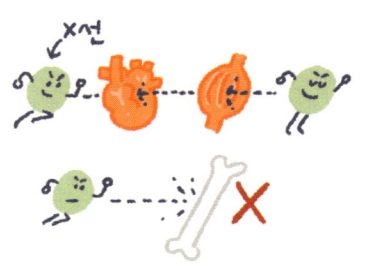

그래서 엑스선이 통과하는 부분은 검정색으로, 엑스선이 통과하지 못하는 뼈는 흰색으로 촬영되는 것이랍니다.

더 알아보기 | 엑스선은 엑스레이 이외에도 또 어떤 곳에 이용되나요?

엑스선은 의학 분야에 큰 기여를 했지만, 다른 분야에도 활발하게 사용되고 있어요. 뼈가 부러진 것을 확인할 수 있는 것처럼, 기계 결함도 엑스선을 이용해서 찾을 수 있답니다. 또 공항에서 위험한 물질이나 무기 같은 물건도 엑스선을 이용해 탐지해요.

PART 05
편리한 생활 속 과학

손소독제, 계속 사용해도 좋을까?

코로나19의 영향으로 저는 집에 있을 때에도 손소독제를 사용해요.
손소독제는 나쁜 세균을 제거해 주니까,
계속 사용하는 것이 좋은 거겠죠?
정말 그렇죠?

세균으로부터 우리의 손을 보호해 주는 손소독제는 이제 어디에서나 볼 수 있는 생활 필수품이 되었어요.

세균을 제거해 주는 손소독제. 많이 사용해도 괜찮을까요?

결론부터 말하면 손소독제를 자주 사용하는 것은 좋지 않아요.

손소독제는 우리 손의 나쁜 세균과 바이러스들을 없애면서 피부의 각질층도 제거해 버려요.

그래서 손소독제를 자주 사용하면 피부가 건조해지고, 때로는 따갑거나 간지러워지기도 해요.

특히 알코올이 많이 들어간 손소독제가 눈에 들어가면, 화상을 입게 되므로 더욱 주의해서 사용해야 해요.

우리 모두의 건강을 위해 손소독제는 사용설명서대로 사용해야 해요.

사용설명서
- 정해진 양만 쓰기
- 20초 이상 비비기
- 손을 흔들어 말리기
- 상처가 있는 손에는 사용 금지

가장 중요한 것은 손 씻기! 손소독제는 손을 씻을 수 없는 상황에서만 적절히 쓰세요.

더 알아보기 손소독제를 손 말고 다른 부위에 써도 될까요?

손의 피부 두께는 5mm 정도로 꽤 두꺼운 편이라 손소독제를 적당히 써도 괜찮은 거예요. 얼굴같이 피부가 얇은 부위에 손소독제를 쓰면 절대 안 돼요! 손소독제는 손에만, 너무 자주 쓰지 않도록 유의하면서 사용하세요!

마스크에 앞뒤가 있을까?

어느 날, 친구가 저에게 마스크를 거꾸로 쓰고 있다고 알려 줬어요.
저는 항상 크게 신경 쓰지 않고 마스크를 썼는데
정말로 겉면과 안쪽 면이 구분되어 있는 건가요?
있다고 해도 구분하는 게 중요한가요?

수많은 바이러스나 세균으로부터 우리의 건강을 지켜 주는 마스크.

마스크를 착용하기 전, 어디가 겉면이고 어디가 안쪽 면인지 고민한 적이 있나요?

마스크는 겉면과 안쪽 면이 나뉘어져 있을까요?

마스크는 겉면과 안쪽 면이 구분되어 있고, 각 면마다 중요한 역할을 수행해요.

마스크의 겉면은 밖에서 들어오는 작은 비말과 먼지 입자들이 통과하지 못 하도록 매우 미세한 구조로 되어 있고,

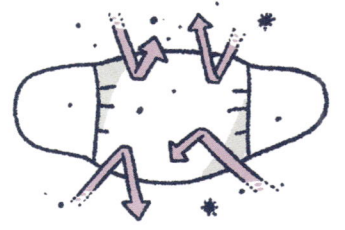

마스크의 안쪽 면은 우리에게서 나오는 비말 입자들이 새어 나가지 않고 흡수되도록 겉면보다는 덜 미세한 구조로 되어 있답니다.

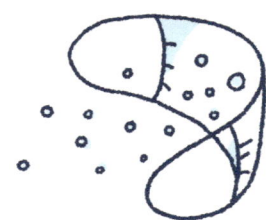

그러니 마스크를 거꾸로 쓴다면 마스크가 제 역할을 할 수 없겠죠?

우리 모두를 위해 올바르게 마스크를 착용합시다.

더알아보기 그럼 마스크의 겉면과 안쪽 면은 어떻게 구분할 수 있을까요?

우선 마스크의 위와 아래를 구분해야 해요. 마스크를 코에 밀착시키는 철사가 들어 있는 부분이 위쪽이에요. 이를 기준으로 다시 마스크 주름을 보세요. 마스크의 주름이 아래를 향하고 있는 면이 겉면이고, 주름이 위쪽을 향하고 있는 면이 안쪽 면이랍니다.

충치를 치료할 때 이를 금으로 씌우는 이유는 무엇일까?

양치질하라는 엄마 말을 안 들었더니 충치가 많이 생겼어요.
그런데 제 치아에 금을 씌워 준대요!
금은 잘했을 때 주는 상 아닌가요? 저 잘한 거예요?

충치가 너무 심하게 생기면 치료를 한 후 금으로 이를 씌우곤 하는데요,

다른 금속도 많은데 비싼 금으로 이를 씌우는 이유가 뭘까요?

그 이유는 바로! 금이 치아와 '열팽창계수'가 같기 때문이에요.

열팽창계수란 온도가 변할 때 부피가 변화하는 정도를 말해요.

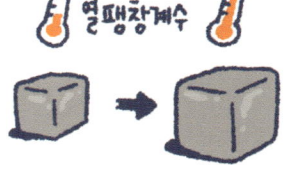

음식을 먹을 때 우리의 치아 역시 온도 변화에 따라 부피가 미세하게 변하는데요,

만약 열팽창계수가 다른 재료를 사용한다면 온도 변화에 따라 치아 크기가 서로 달라져 결국 쉽게 떨어져 나갈 거예요.

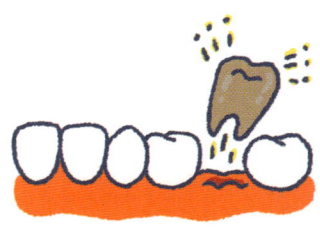

금은 치아와 열팽창계수가 같아서 치아와 똑같은 크기로 커지고 줄어들어요.

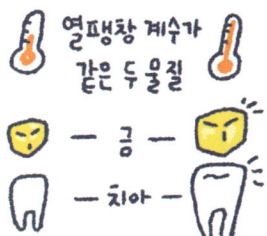

그러니 다른 치아들과 안정적으로 붙어 있을 수 있는 거예요.

조금 비싸긴 해도, 금은 매우 단단하고 인체에도 무해한 최고의 재료예요!

하지만 그렇다고 해서 양치질을 게을리해서는 안 되겠죠?

84 편리해

비행기 창문은 왜 동그랄까?

비행기에서 누릴 수 있는 즐거움 중 하나는
창밖으로 보이는 풍경을 구경하는 거예요.
갑자기 궁금한 것이 생겼어요.
버스나 자동차 창문과 다르게 비행기의 창문은 왜 동그란 걸까요?

주변에서 흔히 보는 창문은 대부분 네모 모양이에요.

네모난 모양이 만들거나 사용할 때 가장 효율적이고 편리하기 때문이죠.

그런데 유독 비행기의 창문은 동그란데요, 그 이유는 뭘까요?

비행기는 날씨의 영향을 덜 받기 위해 구름 위를 날아요. 그런데 높은 곳으로 올라갈수록 비행기 밖 기압은 낮아져요.

공기는 압력이 높은 곳에서 낮은 곳으로 가려는 성질이 있기 때문에, 비행기 안의 공기는 밖으로 나가려고 해요.

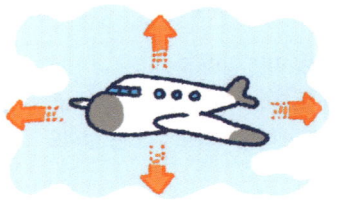

이때 비행기 창문이 네모 모양이라면 창문의 모서리에 압력이 가해져 깨지기 쉬워지죠.

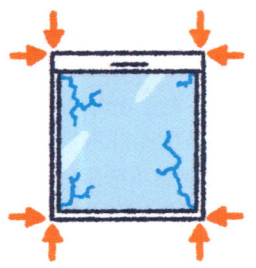

하지만 동그란 모양의 창문은 힘이 고르게 분산되어 창문이 쉽게 깨지지 않는답니다.

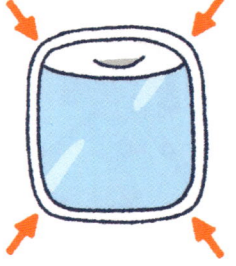

동그란 비행기 창문에도 우리의 안전을 위한 과학 원리가 숨겨져 있었네요!

더 알아보기 **비행기 창문에 구멍이 뚫려 있다고요?**

비행기 창문을 잘 보면 작은 구멍이 뚫려 있는데요. 이 구멍은 급격하게 기압이 변할 때 세 겹으로 된 창문이 깨지지 않도록 압력을 조절하는 역할을 해요. 또한 비행기 내부와 외부의 온도 차 때문에 생기는 습기를 밖으로 내보내요.

목도리를 하면 왜 온몸이 따뜻하게 느껴질까?

추운 겨울, 엄마는 학교에 가는 저에게 목도리를 감아 주셨어요.
신기하게 목도리로 목을 감싸면 옷을 따뜻하게 입지 않아도 온기가 느껴져요.
엄마의 사랑 때문일까요? 아니면 목도리에서 따뜻한 바람이라도 나오는 걸까요?

추위가 몰아치면 사람들은 두꺼운 패딩에 장갑, 털모자, 목도리 등 다양한 방한용품으로 무장하여 추위에 맞서요.

가끔 옷을 제대로 입지 않아도, 이상하게 목도리만 하면 몸이 따뜻하게 느껴지곤 해요.

팔이나 다리, 배와 달리 목은 살이 얇아요.

그래서 차가운 공기에 닿았을 때 유독 춥게 느껴지죠.

추위를 유난히 타는 목에 목도리를 둘러 주면, 다른 부분을 감쌌을 때보다 훨씬 더 따뜻하게 느껴요.

또한 목에는 뇌와 이어진 굵은 혈관이 많이 지나가는데 추워지면 이 혈관들도 수축해요.

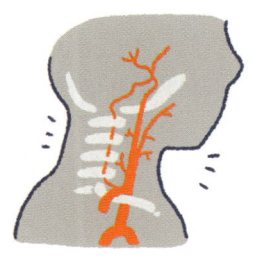

그러면 뇌에 피가 제대로 돌지 않아 두통이 생길 수 있으니, 꼭 목도리로 목을 따뜻하게 해야겠죠?

목도리로 두통과 추위를 다 예방할 수 있다니, 정말 만능 패션 아이템이네요!

더 알아보기 엄마는 내복도 꼭 바지 속에 넣어 입으래요. 허리도 추위를 많이 타나요?

내복은 우리 몸속의 열이 밖으로 빠져나가지 않도록 지켜 주죠. 내복을 바지 속에 넣어 입지 않으면 뚫린 쪽으로 열이 숭숭 빠져나가기 때문에 그러시는 거예요. 내복을 입으면 체온이 3도 정도 올라간다고 하니, 대단하죠?

파마의 원리는 무엇일까?

머리카락을 구불거리게 만들어 주는 파마.
어떻게 머리카락의 모양을 그렇게 바꿀 수 있는지, 정말 신기해요!
손으로 머리카락을 꼬아도 절대 안 변하던데,
파마의 원리는 과연 무엇일까요?

엄마는 가끔 파마를 해서 멋을 내요.

미용실에서 몇 시간만 있으면 쭉쭉 뻗어 있던 머리가 구불구불해지죠. 파마의 원리는 도대체 뭘까요?

사람의 머리카락은 단백질로 이루어져 있어요. 단백질들은 서로 단단하게 붙어 있죠.

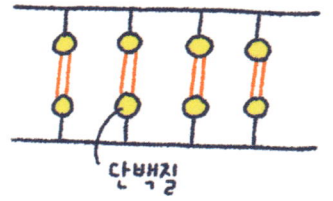

머리카락에 바르는 파마 약은 단백질의 결합을 툭툭 끊어 머리카락을 흐물흐물하게 만들어요.

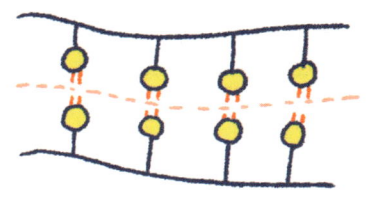

이렇게 흐물흐물해진 머리카락에 원하는 굵기의 봉을 말아 주고요.

충분히 시간이 지난 후 다시 단백질을 붙여 주는 약을 뿌리면,

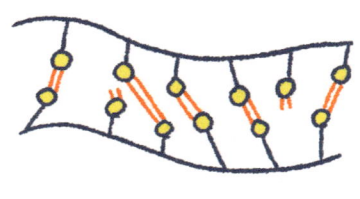

봉으로 말았던 모양대로 머리카락이 고정되는 거예요.

어때요? 파마에 숨은 과학, 재미있죠?

> **더 알아보기** **시간이 지나면 파마가 풀리는 이유는 무엇인가요?**
>
> 파마는 인위적으로 우리의 머리카락을 고정한 거죠. 그래서 시간이 지나면 머리카락이 결합되어 있던 원래의 형태로 돌아가려고 한답니다. 마치 더러웠던 방을 청소했는데, 다시 더러워지는 것처럼 말이죠!

눈이 오면 제설제를 뿌리는 이유는 무엇일까?

학교가 끝난 뒤 동생과 함께 밤새 내린 눈으로 눈사람을 만들기로 약속했어요.
그런데 누군가가 제설제를 뿌려서 눈이 다 녹아 버리고 말았네요.
제설제는 어떤 원리로 눈을 녹이는 건가요?

눈이 많이 온 날이면, 사람들은 눈을 녹이기 위해 도로에 제설제를 뿌리곤 해요.

가장 널리 쓰이는 하얀 알갱이 모양의 제설제는 '염화칼슘'이에요.

염화칼슘은 주변의 수분을 잘 흡수하는 성질을 가지고 있어요.

눈 위에 염화칼슘을 뿌리면 염화칼슘이 주변의 물을 흡수하는데요,

염화칼슘은 물과 만나면 많은 열을 내는 특징도 있어요.

즉, 염화칼슘이 주변의 수분을 흡수하면서 열이 나기 때문에 눈이 녹는 거죠.

염화칼슘 제설제는 저렴하고 쓰기 편리해서 널리 쓰이지만, 사실 단점이 만만치 않아요.

아스팔트와 시멘트를 부식시키고, 땅과 물도 오염시켜요.

맨발로 다니는 동네 고양이나 산책하는 강아지의 발에 화상을 입히기도 하죠.

그래서 요즘은 이런 염화칼슘을 대체할 수 있는 다양한 제설제가 개발되고 있다고 해요.

건물 옥상 바닥이 초록색인 이유는 무엇일까?

산꼭대기에서 내려다보니, 건물들의 옥상이 전부 초록색으로 되어 있더라고요!
그런데 왜 하필 초록색인지 이유를 모르겠어요.
혹시 법으로 정해진 건가요?

건물 옥상의 바닥은 거의 다 초록색 페인트로 칠해져 있어요.

왜 하필 초록색인가, 생각해 본 적이 있나요?
그 이유는 사실 생각보다 간단하답니다.

건물 옥상은 바닥으로 비가 스며들지 않도록 방수 처리를 하는데요,

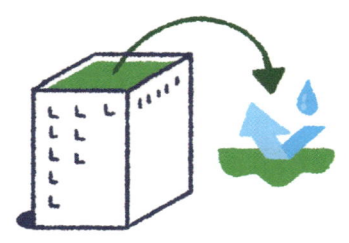

방수 처리에 사용하는 페인트 색깔이 대부분 초록색이에요.

방수 페인트 속 '산화크로뮴'이라는 짙은 녹색 물질 때문이죠.

어차피 옥상은 올라갈 일이 거의 없으니, 바닥 색깔을 신경 쓸 이유가 없기도 하고요.

그래서 지금까지는 초록색 페인트를 사용해 방수 처리를 해 왔어요.

하지만 요즘은 초록색이 아닌 다양한 색의 방수 페인트가 많이 개발되었어요.

특히 흰색은 햇빛을 반사시키기 때문에 건물 안을 시원하게 하는 효과가 있다고 하네요.

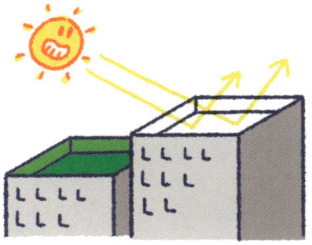

이제 궁금증이 풀렸나요?

도로 위 표지판은 왜 전부 초록색일까?

도로 위에 걸려 있는 표지판은 전부 초록색인 것 같아요.
왜 표지판은 전부 초록색인가요? 표지판을 만든 사람이 초록색을 좋아해서인가요?
아니면 무슨 특별한 의미가 있는 건가요?

길을 안내하는 도로 위의 표지판! 대부분 초록색인 것을 볼 수 있어요.

여기에도 과학적인 비밀이 숨어 있답니다.

우리 눈의 망막에서 빛을 감지하는 세포는 크게 원추세포와 간상세포로 나눌 수 있어요.

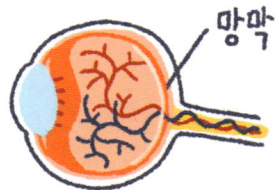

원추세포는 주로 낮에 활동하고, 간상세포는 주로 밤에 활동해요.

원추세포는 강한 빛을 인식하며 색깔을 아주 잘 구분하고, 간상세포는 원추세포가 인식하지 못하는 아주 적은 양의 빛을 감지하죠.

이 두 세포는 색깔에 따라서도 민감하게 반응하는 정도가 달라요.

원추세포는 붉은 계열의 색에 더 민감하고, 간상세포는 초록색에 더 민감하게 반응해요.

그런데 표지판은 밤에도 잘 보여야 하기 때문에, 간상세포가 잘 인식하는 초록색을 쓰는 거죠.

어두워질수록 초록색과 푸른색이 잘 보이는 이런 현상을 가리켜 '푸르키네 효과'라고 부른답니다.

아하! 그래서 비상구도 어두운 곳에서 잘 보일 수 있도록 초록색으로 만든 것이구나!

전자레인지는
어떻게 음식을 데울까?

음식을 따뜻하게 데우려면 불이 필요해요.
그런데 전자레인지는 뜨거운 불이 나오지 않는데, 음식을 따뜻하게 데울 수 있어요.
전자레인지는 무슨 마법을 부려 열을 내는 건가요?

가스레인지나 전자레인지로 음식을 따뜻하게 데울 수 있어요.

그런데 가스레인지는 불이 펄펄 나는데, 전자레인지는 어떻게 뜨거운 불 없이도 음식을 데울 수 있죠?

전자레인지는 '마이크로파'를 이용하는 거예요. 마이크로파는 1초에 약 24억 번 넘게 진동하죠.

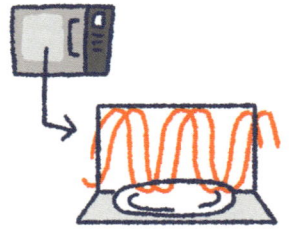

빠르게 진동하는 마이크로파는 물을 덜덜 떨게 하는 능력을 가지고 있어요.

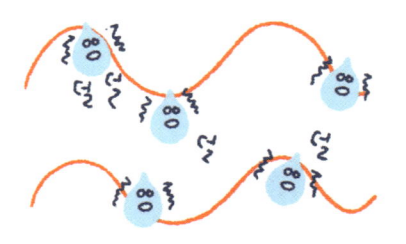

우리가 먹는 모든 음식 속에는 물이 조금이라도 있는데,

이렇게 빠르게 진동하는 마이크로파가 음식 속 물을 덜덜 떨게 하고,

그 과정에서 열이 발생하면서 음식이 따뜻해져요.

그러니 마른 음식은 물을 살짝 뿌려서 전자레인지에 돌리면 더 잘 데워지겠죠?

더 알아보기 | 전자레인지는 왜 빙글빙글 돌아가는 건가요?

마이크로파는 직진밖에 할 수 없기 때문이에요. 만약 전자레인지가 회전을 하지 않는다면 음식 중 일부분에만 마이크로파가 닿아요. 음식을 골고루 데우기 위해서는 마이크로파를 음식에 골고루 쏘아야 하고, 그렇기 때문에 전자레인지는 빙글빙글 돌아간답니다.

91 편리해

비누는 어떻게 손을 깨끗하게 해 줄까?

으악, 과자를 먹었더니 손이 기름 범벅이 됐어요.
비누가 없어서 급한 대로 물로만 손을 씻었더니 계속 손이 미끌거려요.
비누는 어떻게 물로 지워지지 않는 더러움을 깨끗이 씻어 내는 걸까요?

쓱싹쓱싹, 비누로 손을 닦으면 더러웠던 손도 깨끗해져요.

그런데 비누에는 도대체 뭐가 들어 있길래 더러운 손을 깨끗하게 만들 수 있을까요?

더러운 때는 주로 기름으로 되어 있어서 물에 잘 녹지 않아요.

하지만 비누를 사용한다면 얘기가 달라지죠! 비누에는 계면활성제가 있기 때문이에요.

계면활성제는 물과 친한 부분과 기름과 친한 부분을 동시에 갖고 있는 특이한 구조인데요,

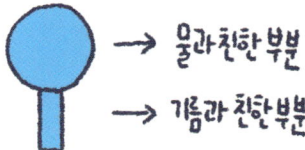

그렇기 때문에 물과 때가 잘 섞일 수 있도록 도와요.

물을 손에 적시고 비누로 손을 문지르면 계면활성제에서 기름과 친한 부분이 기름때에 달라붙어요.

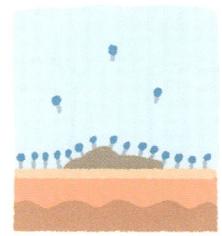

한편 물과 친한 부분이 물과 결합하기 때문에, 계면활성제가 때를 둘러싸는 모양이 돼요.

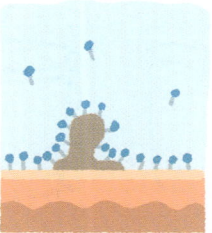

그 상태에서 손을 물로 씻어내면, 물과 계면활성제 그리고 기름때가 함께 씻겨 나가는 거예요!

비누 하나에도 이런 과학적 원리가 있다니, 신기하죠?

종이컵 끝부분은 왜 동그랗게 말려 있을까?

저는 종이컵 끝부분을 물어뜯는 습관이 있어요.
종이컵 끝부분이 말려 있지 않았다면 이런 습관도 생기지 않았을 텐데 말이죠.
설마, 저를 위해 동그랗게 말아 둔 건 아니겠죠?

여러분에게 익숙한 종이컵은 어떤 모양인가요?

바로 끝이 동그랗게 말려 있는 오른쪽 종이컵일 거예요.

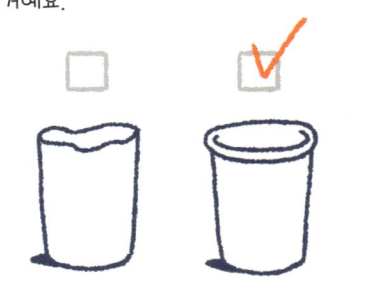

그런데 종이컵 끝부분은 왜 저렇게 동그랗게 말려 있을까요?

그 이유는 종이의 강도를 높이기 위해서예요.

종이컵의 끝부분을 다 펼친 다음 음료수를 담아 보는 실험을 해 보세요.

그러면 이상하게 종이컵이 흐물거리는 느낌이 들고 잘못 잡으면 떨어뜨릴 수도 있어요!

종이 끝을 돌돌 말아 고정해 주면 종이컵의 형태가 쉽게 변하지 않아서 잡기 편하고 안전해요.

또한 종이 끝을 말아 두면 입이 날카로운 종이에 베일 일도 없으니, 정말 과학적인 모양이네요!

더 알아보기 종이로 만든 종이컵은 왜 물에 젖지 않는 거죠?

종이컵의 안쪽은 사실 종이가 아니에요. 물에 젖지 않도록 폴리에틸렌이라는 물질로 코팅을 했죠. 팔팔 끓는 뜨거운 음료에서는 이 코팅이 벗겨질 수 있으니, 종이컵에 너무 뜨거운 음료는 담지 말아야겠죠?

맨홀 뚜껑은 왜 전부 동그랄까?

제가 본 맨홀 뚜껑은 전부 다 동그란 모양인 것 같아요.
왜 세모난 모양이나 네모난 모양의 맨홀 뚜껑은 없나요?
맨홀 뚜껑을 만든 사람의 취향 문제인가요?
아니면 다른 특별한 이유라도 있나요?

맨홀은 수도관을 관리하는 사람이 쉽게 드나들 수 있도록 만든 구멍이에요.

그런데 맨홀 뚜껑은 왜 동그란 모양일까요? 여러 이유가 있답니다.

첫째, 동그란 모양은 뚜껑이 구멍 안으로 빠지지 않아요.

삼각형, 사각형, 육각형 등은 구멍보다 짧은 폭이 있기 때문에 뚜껑을 세워 들면 바로 빠지죠.

하지만 동그란 모양은 모든 면에 걸쳐 폭이 일정하기 때문에 구멍에 빠질 일이 없어요.

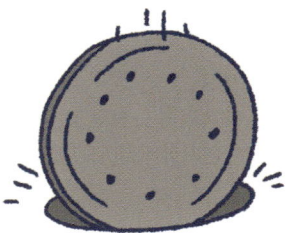

둘째, 동그랗기 때문에 굴려서 쉽게 운반할 수 있어요.

셋째, 만약 뚜껑이 열려 있을 때라도 날카로운 부분이 없기 때문에, 사람이나 자동차가 다칠 위험이 적답니다.

정말로 안 빠지는지 실험해 본다고 맨홀 뚜껑을 건드리면 큰 사고로 이어지니 절대 하지 말아요!

> **더 알아보기** **맨홀 뚜껑에 여러 무늬가 새겨져 있는 이유는 무엇인가요?**
>
> 맨홀 뚜껑에 다양한 무늬가 있는 이유는, 사람이나 자동차가 맨홀을 밟고 미끄러지지 않도록 하기 위함이에요. 올록볼록 튀어나온 문양들이 마찰력을 높이기 때문에 맨홀 뚜껑을 밟아도 자동차나 사람이 미끄러지지 않을 수 있어요.

튀김이 바삭한 이유는?

엄마가 특별 간식으로 가끔 해 주시는 튀김!
노릇노릇한 튀김은 언제 먹어도 맛있어요.
튀김을 씹으면 나는 바삭한 소리 때문에 더 맛있고 재미있게 느껴져요.
흐물흐물한 반죽이 뜨거운 기름에 들어갔다 나오면 왜 바삭해질까요?

튀김 재료에 튀김 옷을 입혀 뜨거운 기름에 퐁당 빠뜨려 튀기면 맛있는 튀김 완성!

이렇게 만든 튀김은 바삭바삭한 느낌이 나죠. 그 비밀이 뭘까요?

비밀은 음식 안의 수분이에요.

다 내 덕이라구!

200도에 육박하는 뜨거운 기름에 음식을 담그면,

음식 속 수분은 수증기가 되어 날아가 버리고 남은 부분은 아주 잘 익어요.

그리고 수분이 차지하던 공간은 텅텅 비어 구멍이 여기저기 뚫린 형태가 돼요.

수분이 있던 자리

이렇게 구멍이 많은 모양을 '다공질 구조'라고 불러요.

겉보기에는 매끈한데?

이런 다공질 구조를 씹으면 우리는 바삭함을 느낀답니다. 신기하죠?

바삭 바삭

더 알아보기 **어떤 튀김은 바삭하지 않던데 왜 그렇죠?**

튀김 반죽에 밀가루를 너무 많이 넣어 반죽이 끈적해지거나, 박력분을 사용하지 않으면 그렇게 돼요. 밀가루 안에는 물과 만나면 끈적하게 엉켜 버리는 '글루텐'이라는 단백질이 있는데, 박력분은 이 글루텐 함량이 적은 밀가루예요. 튀김 반죽이 너무 끈적하지 않아야 수분이 잘 빠져나가고 바삭한 튀김이 된답니다.

보온병은 어떠한 원리일까?

감기에 걸려서 학교에 갈 때 엄마가 보온병에 따뜻한 물을 담아 주셨어요.
점심시간에 물을 먹으려고 보온병을 열었는데,
아침에 담은 물이 아직도 따뜻한 거 있죠?
불도 없는데 참으로 신기한 것 같아요!

보온병 안에 따뜻한 물을 담으면 몇 시간은 거뜬하게 따뜻함을 유지해요.

따뜻함을 꽉 잡아 주는 보온병의 비법을 알아보기 위해 실험을 해 볼까요?

솜으로 감싼 찐감자와 아무것도 씌우지 않은 찐감자 중, 어떤 게 더 오랫동안 따뜻할까요?

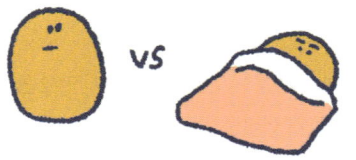

당연히 솜으로 감싼 찐감자가 더 오랫동안 따뜻하겠죠.

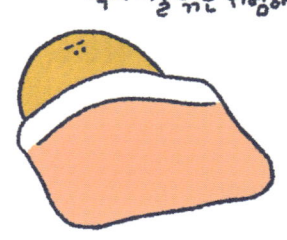

그렇다면 솜으로 감싼 얼음과 아무것도 감싸지 않은 얼음 중, 어떤 게 빨리 녹을까요?

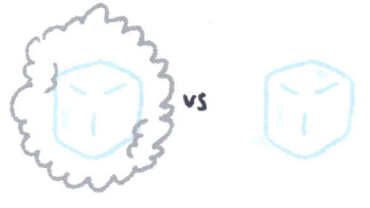

놀랍게도 그냥 내버려 둔 얼음이 빨리 녹아요. 공기 속 열이 얼음으로 들어오는 것을 솜이 막아 주기 때문이에요.

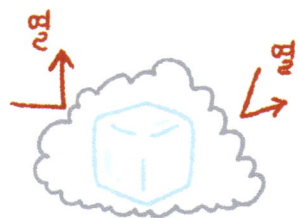

뜨거움이든 차가움이든 오래 유지하려면 열의 이동을 막는 게 핵심이라는 사실을 알겠죠?

보온병은 다음과 같이 두 개의 벽 사이에 빈 공간이 있는데요, 여기엔 공기조차 없어요. 우리는 이걸 진공이라고 부르죠.

공기까지 없애 버림으로써 보온병 속 열이 이동할 데가 없게 만들어 버린 거죠.

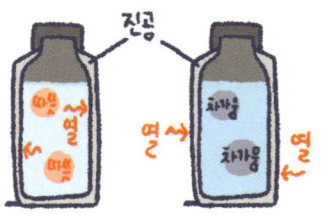

따뜻함을 오랫동안 유지하는 보온병의 비밀, 이제 알겠죠?

벌집의 모양은 왜 육각형일까?

벌집을 자세히 보면 육각형이 여러 개 이어진 모양이에요.
네모 모양이 더 만들기 쉬울 것 같은데,
왜 힘들게 변이 여섯 개나 되는 육각형으로 방을 만든 걸까요?
육각형에 숨겨진 비밀이라도 있는 걸까요?

꿀벌들은 부지런히 꿀을 따서 벌집에 저장해요. 덕분에 우리는 맛있는 꿀을 먹을 수 있죠.

그런데 꿀이 저장되어 있는 벌집은 특이하게 육각형 모양을 하고 있는데 도대체 왜 꿀벌들은 이런 모양으로 벌집을 만드는 걸까요??

벌이 집 안에 많은 양의 꿀을 보관하기 위해서는 튼튼하게 집을 만들어야 하죠.

벌집의 모양이 다른 모양이면 어떻게 될까요?

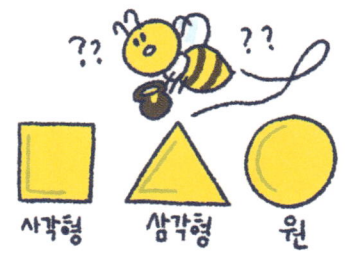

삼각형은 많은 양의 꿀을 저장하지 못하고 사각형은 튼튼하지 않아 충격에 취약하죠.

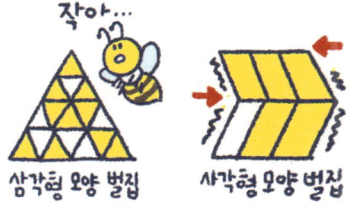

반면 육각형은 다른 도형에 비해 튼튼하고 많은 양의 꿀을 저장할 수 있죠.

그런데 사실, 벌은 벌집을 만들 때 육각형이 아닌 원형으로 만든다고 해요.

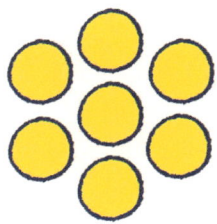

원 모양의 벌집이 여러 개 뭉쳐 있으면 표면장력 때문에 육각형으로 변하는 거죠.

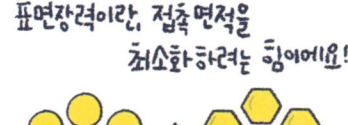

벌집 구조는 정말 튼튼해서 우리도 큰 충격을 견뎌야 하는 다양한 건축물에 벌집 구조를 활용하곤 해요.

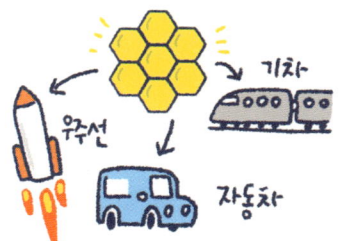

뾰족한 침 때문에 무섭기만 했던 벌에게서 사실 많은 것을 배운 셈이죠.

자동문 센서는 어떻게 사람을 인식할까?

가족들과 함께 백화점으로 쇼핑을 갔어요. 백화점의 문은 사람이 앞으로 가면 항상 자동으로 열려서 정말 신기해요. 자동문은 어떻게 앞에 사람이 있는지 알고 문을 열어 주는 건가요? 사실 뒤에서 사람이 조종하는 거 아닌가요?

사람이 앞으로 다가가면 자동으로 열리는 신기한 자동문.

도대체 자동문은 어떠한 원리로 사람을 인식하는 걸까요?

자동문 위를 보면 네모난 센서가 달려 있어요. 이 센서는 적외선이라는 빛을 항상 발사하고 있죠.

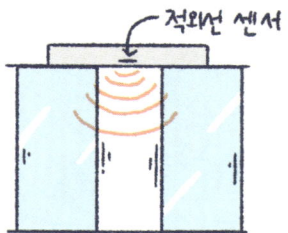

그런데 아무리 봐도 빛이 없죠? 적외선은 우리 눈에 보이지 않기 때문이에요.

적외선은 앞에 사물이 있으면 반사돼서 다시 센서로 돌아오는데요,

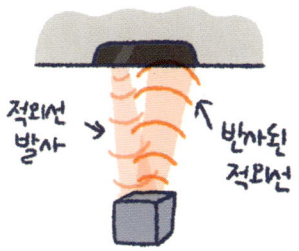

반사된 빛을 받으면 센서는 자신의 앞에 사물이 있다고 인식하는 거죠.

그래서 누군가 항상 문을 열어 주지 않아도 자동으로 문이 열리는 것이랍니다.

더 알아보기   적외선 센서가 이용되는 또 다른 예가 있을까요?

적외선 센서는 생각보다 많은 곳에 이용되고 있어요. 도둑이 침입하지 않도록 막아 주는 도난 방지 시스템, 남자 화장실의 소변기, 온도를 자동으로 측정해 주는 온도계에도 적외선 센서가 사용된답니다.

도핑 테스트가 무엇일까?

스포츠 경기는 언제 봐도 신나요!
그런데 TV 뉴스를 보면 운동선수들이 도핑을 했다는 소식을 접할 수 있어요.
도핑이 뭐길래, 운동선수들을 대회에 참가하지 못하게 하는 건가요?
또 운동선수가 도핑을 했는지 어떻게 확인할 수 있죠?

국제적인 스포츠 대회가 열리면 도핑 테스트를 실시하는데요,

도핑 테스트가 뭐고, 왜 하는 걸까요?

도핑이란, 운동 경기에서 선수들이 좋은 결과를 얻기 위해 약물을 사용하는 것을 말해요.

도핑에 사용되는 약물은 매우 많아요. 근육을 늘려 주는 약물도 있고 몸속의 호르몬 분비를 조절하는 약물도 있어요.

이러한 약물을 복용하면 선수들의 신체 능력이 비정상적으로 좋아져요.

도핑테스트는 선수들이 이러한 약물을 복용했는지 알아내기 위해 경기를 시작하기 전에 혹은 경기가 끝난 후에 하는 검사예요.

정정당당하게 경기를 치르지 않고 도핑을 했다는 사실이 발각되면 받았던 메달이나 상이 취소될 수 있어요.

선수들이 열심히 노력해서 정정당당하게 값진 결과를 얻는 것처럼, 우리도 떳떳하게 살아가야겠죠?

더 알아보기 — 도핑 테스트는 어떠한 방식으로 진행이 되나요?

약물을 먹거나 주사로 맞으면 몸 안에 남아 있겠죠? 그래서 운동선수의 몸에서 소변이나 피를 뽑아, 그 안에 금지 약물이 들어 있는지 조사해요.

홍채 인식은 어떠한 원리로 이루어질까?

아빠의 스마트폰으로 게임을 하려면, 아빠의 눈이 필요해요.
스마트폰을 바라만 봐도 잠금이 풀리거든요.
그런데 아빠의 눈과 제 눈은 정말 닮았는데,
스마트폰은 어떻게 아빠의 눈을 한번에 알아보고 잠금을 해제하는 걸까요?

홍채를 인식해서 잠금이 풀리는 스마트폰.

스마트폰은 어떻게 홍채를 인식하고 잠금을 해제하는 걸까요?

홍채는 눈의 수정체와 각막 사이에 있는데요, 눈으로 들어오는 빛의 양을 조절하는 역할을 해요.

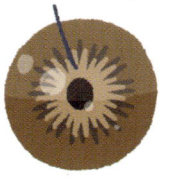

놀랍게도 홍채는 한번 만들어지면 모양이 변하지 않아요.

그리고 사람마다 모양이 다 달라서, 홍채가 같은 사람이 존재할 확률은 10억 분의 1밖에 되지 않죠.

스마트폰을 바라보면 빨간 적외선이 홍채를 비춰요.

적외선이 반사되어 스마트폰으로 돌아오면 스마트폰은 그 빛을 분석해요.

홍채의 어두운 부분과 밝은 부분을 컴퓨터 언어로 바꾼 후,

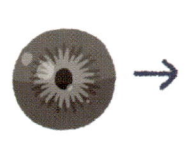

기존에 저장된 데이터와 비교해서 일치하면 잠금이 해제되는 것이랍니다.

바코드의 원리는 무엇일까?

삑삑, 마트에서 물건을 살 때 바코드를 찍으면 재미있는 소리가 나오면서,
물건의 이름과 가격이 컴퓨터에 떠요.
피아노같이 생긴 바코드에 어떻게 이러한 정보가 저장될 수 있는 거죠?
바코드와 바코드를 읽는 기계의 원리가 궁금해요!

다양한 물건의 한쪽을 보면 바코드가 붙어 있는 걸 볼 수 있는데요,

물건을 계산대로 가져가면 직원은 바코드를 기계에 찍고, 화면에 뜬 물건의 정보와 가격을 확인해요.

이러한 바코드가 어떤 원리로 작동하는지 생각해 본 적이 있나요?

바코드를 잘 보면 서로 다른 굵기의 검은 줄과 흰 줄이 그어져 있어요.

검은 줄과 흰 줄의 굵기와 배열에 따라 표현하는 숫자가 다 달라요.

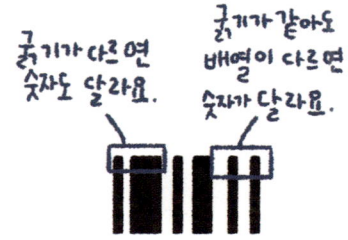

바코드가 표현하는 숫자 속에는 물건의 온갖 정보가 담겨 있기 때문에, 바코드를 찍기만 하면 되는 거예요.

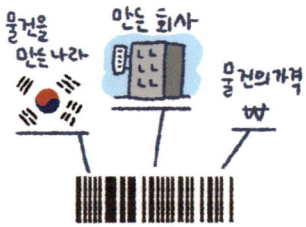

바코드를 읽는 기계는 레이저를 바코드에 쏘아 되돌아오는 불빛의 강도로 바코드를 인식하고요.

단순하게 생겼지만, 바코드 속에 아주 많은 정보가 담겨 있었네요!

더 알아보기 | 바코드와 QR코드는 어떠한 점이 다른가요?

QR코드는 바코드와 원리가 비슷하지만, 정보를 저장할 수 있는 양이 달라요. 바코드는 막대를 가로로만 배열할 수 있지만, QR코드는 점을 가로세로에 맞춰 채워 넣을 수 있기 때문에 더 많은 양의 정보를 저장할 수 있는 거죠.

아는 만큼 재미있는 과학 어휘

물질과 물체

- **물체** 공간을 차지하는 것들을 말해요. 우리 주변에는 책상, 컴퓨터, 유리컵, 축구공 등 다양한 물체가 있죠.
- **물질** 물체의 재료를 물질이라고 해요. 금반지라는 물체는 금이라는 물질로 만들어진 물체이고, 고무장갑이라는 물체는 고무라는 물질로 이루어져 있죠.
- **분자** 어떤 물질의 성질을 가지고 있는 가장 작은 알갱이를 말해요. 여러 원소나 원자가 붙어 있어요.
- **원소** 물질을 구성하는 가장 작은 성분을 말해요. 물(H_2O)을 구성하는 원소는 수소(H)와 산소(O) 2가지예요.
- **원자** 물질을 구성하는 입자를 말해요. 물은 수소와 산소, 2개의 원소로 이루어져 있지만, 물을 구성하는 입자는 2개의 수소(H) 원자와 1개의 산소(O)로 총 3개의 원자로 이루어져 있어요.
- **원자핵과 전자** 사실 원자는 더욱 더 작은 물질로 이루어져 있어요. 원자의 중심에는 원자핵이 있고 그 주변을 전자가 빙글빙글 돌고 있어요.
- **고체** 물을 가지고 설명해 볼게요. 얼음은 물의 고체 형태로, 모양이 일정하고 단단한 성질이 있어요. 물 분자들이 강하게 결합되어 있기 때문이죠.
- **액체** 우리가 마시는 물은 액체 형태예요. 얼음에 비해 물 분자들이 약하게 결합되어 있어서 잘 흐르는 성질이 있고, 담는 그릇에 따라서 모양도 쉽게 변해요.
- **기체** 수증기는 물의 기체 형태로, 물 분자들 사이의 결합이 거의 없어요. 또 우리 눈에 보이지 않지만 액체처럼 모양이 쉽게 변한답니다.
- **질량** 물질의 양을 말해요. 50g의 질량을 가진 사과는 달에서나 지구에서나 항상 50g으로 측정이 된답니다.
- **무게** 물체에 작용하는 중력의 크기를 말해요. 지구보다 중력이 약한 달에서 몸무게를 측정하면 우리 몸무게는 훨씬 적게 나온답니다.
- **부피** 물질이 차지하는 공간을 말해요. 500mL 우유는 우유가 차지하는 공간이 500mL라는 것을 의미하죠.
- **밀도** 물질이 빽빽이 들어선 정도를 말해요. 같은 부피라도 밀도는 다를 수 있어요.
- **전류** 눈에 보이지 않는 전기를 띤 입자가 흐르는 것을 말해요. 강물이 흐르는 것처럼 전기가 흘러야 우리가 형광등이나 선풍기를 켤 수 있어요.
- **기압** 공기가 누르는 힘을 말해요. 공기가 많이 모여 있는 곳을 고기압, 공기가 적게 모여 있는 곳을

저기압이라고 해요. 공기는 많이 있는 곳에서 적게 있는 곳으로 이동하는데, 이것이 바로 바람이랍니다.

- **진공** 진공은 아무것도 없이 텅텅 비어 있는 공간을 말해요. 공기가 없으면 숨도 쉴 수 없고, 소리도 들을 수 없어요.
- **응결** 기체 상태의 물질이 액체 상태가 되는 것을 말해요. 공기 중의 수증기가 물로 변하는 것이 바로 응결이랍니다.
- **기화** 응결과 반대로 액체 상태의 물질이 기체 상태가 되는 것을 말해요. 물이 끓어서 날아가는 것이 그 예죠. 끓지 않아도 기체 상태가 되기도 하는데 그건 증발이라고 해요.
- **산란** 빛이 장애물에 부딪혀 사방으로 흩어지는 현상이에요. 특히 파란색 계열의 빛은 산란이 강하게 일어나는데, 이 때문에 하늘도 파랗게 보이는 것이랍니다.
- **열량** 어떤 음식이 내는 에너지의 양을 말해요. 우리가 음식물을 섭취하면 영양분이 되어 몸에 흡수돼요. 이때 필요한 만큼만 사용하고 남은 열량은 지방으로 저장해요.
- **산화** 물체가 산소와 반응하는 것을 말해요. 철이 산소와 만나 녹스는 현상, 불꽃이 산소와 만나 활활 타오르는 현상, 모두 산화 반응이랍니다.
- **촉매** 어떤 화학 반응이 빠르게 진행될 수 있도록 도와주는 역할을 하는 물질을 말해요.

우리의 몸

- **동맥** 산소가 많은 깨끗한 피를 심장에서 신체 각 부분으로 퍼 나르는 혈관이에요.
- **정맥** 온몸에서 사용하고 남은 이산화탄소와 노폐물이 녹아 있는 피를 심장으로 가져오는 혈관이에요.
- **백혈구** 우리 몸에 침입한 세균을 잡아먹는 역할을 해요. 백혈구가 없다면 우리 몸은 세균에 쉽게 감염되고 말겠죠?
- **적혈구** 산소를 운반하는 역할을 해요. 적혈구 안에 있는 '헤모글로빈'이라는 물질이 산소와 결합을 잘하기 때문에 가능한 일이랍니다.
- **혈소판** 혈액을 응고시키는 역할을 해요. 우리 몸에 상처가 났을 때, 혈액을 응고시켜 더 이상 피가 나지 않도록 해 주죠.
- **호르몬** 우리 몸에서 분비되는 물질로 다른 기관이나 조직이 활동하는 것을 도와요. 성장에 관여하는 성장 호르몬, 수면을 도와주는 수면 호르몬 등 다양한 호르몬이 있답니다.

- **세로토닌** 우리의 감정에 관여하는 호르몬이에요. 우울할 때는 우리 몸의 세로토닌의 농도가 낮은 것과 연관되어 있고, 초조할 때는 세로토닌의 농도가 높은 것과 연관되어 있죠.
- **멜라토닌** 우리의 수면에 관여하는 호르몬이에요. 햇볕을 쬘 수 있는 낮에 만들어진 세로토닌은 해가 지면 멜라토닌으로 바뀌어서 분비돼요.
- **히스타민** 외부 물질이 우리 몸에 들어왔을 때, 알레르기나 염증 반응을 일으키는 물질이에요. 상처가 났을 때 세균을 잡아먹는 백혈구가 상처까지 빠르게 도달할 수 있게 혈관을 넓혀 주는 역할도 해요.
- **망막** 카메라의 화면과 같은 역할이에요. 카메라의 화면에 물체가 보이는 것처럼, 망막에도 똑같이 물체의 상이 맺혀 우리가 물체를 볼 수 있는 거예요.
- **홍채** 눈동자는 홍채와 동공으로 나뉘어요. 눈동자 가운데의 검정 부분을 동공이라고 하고, 동공을 둘러싼 부분을 홍채라고 하죠. 동공은 빛이 들어가는 통로이고, 홍채는 빛의 양을 조절하는 역할을 한답니다.
- **수정체** 카메라로 멀리 있는 곳의 물체를 찍으려면 렌즈를 확대를 해야 하죠? 수정체는 카메라의 렌즈처럼 물체를 확대 또는 축소해서 망막에 물체가 보일 수 있도록 도와준답니다.
- **신경** 우리의 뇌는 몸의 곳곳과 연결되어 있어요. 감각이나 통증 등의 정보가 신경을 통해 뇌로 전달돼요.
- **요산** 동물은 단백질을 먹으면 소화를 시켜 요소나 요산의 형태로 물과 함께 밖으로 내보내요. 인간처럼 물을 많이 먹는 동물은 요소로, 새와 같이 물을 적게 먹는 동물은 요산으로 배출한답니다.
- **전해질** 물에 녹아 전하를 띠는 물질을 말해요. 전하를 띤다고 전기를 마구 뿜어내진 않고, 아주 미세한 전기로 우리 몸의 세포가 활발하게 활동할 수 있도록 도와줘요.
- **멜라닌** 멜라닌 세포가 만든 갈색 색소를 말해요. 멜라닌의 양에 따라서 우리의 피부색, 눈동자 색 등이 결정되죠.
- **에나멜** 우리 치아를 둘러싸 보호해 주는 성분을 말해요. 에나멜 덕분에 우리가 차갑고 뜨거운 음식을 먹을 수 있고, 음식을 꼭꼭 씹어 먹을 수 있어요.
- **젤라틴** 동물의 피부나 연골에서 추출해서 얻은 단백질이에요. 상온에서는 말랑말랑한 고체로 존재하지만, 우리 몸속으로 들어가면 액체가 되기 때문에 캡슐약의 재료로 사용된답니다.

빛과 열 그리고 힘

- **가시광선** 우리가 눈으로 볼 수 있는 빛을 말해요. 가시광선 안의 빨간색부터 보라색까지의 색들을 우리 눈으로 관찰할 수 있어요.
- **적외선** 가시광선의 빨간색 바깥쪽에 있는 빛. 파장이 길고 에너지가 작은 빛을 말해요. 햇볕을 받았을 때 따뜻하게 느껴지는 것은 적외선 때문이랍니다.
- **자외선** 가시광선의 보라색 바깥쪽에 있는 빛. 파장이 짧고 에너지가 크기 때문에 오랫동안 쬐게 되면 살이 탈 수 있어요.
- **끓는점** 물질의 상태가 액체에서 기체로 변하는 온도를 말해요. 보글보글 라면을 끓일 때 쓰는 물의 끓는점은 100도랍니다.
- **발화점** 불이 없어도 물질이 탈 수 있는 온도를 말해요. 종이의 발화점은 약 400도이니, 불 없이 종이를 태우려면 엄청나게 높은 온도가 필요하다는 거겠죠?
- **응고열** 액체가 고체가 되면서 뿜어내는 열을 말해요. 이해하기 어렵다고요? 반대로 생각하면 쉬워요. 고체인 얼음이 열을 흡수해서 녹으면 물이 되죠? 반대로 물이 얼음으로 되려면 열을 방출해야 한답니다.
- **기화열** 액체가 기체가 되기 위해 주변에서 빼앗는 열을 말해요. 땀을 뻘뻘 흘리고 선풍기에 땀을 말리면 엄청 시원하지 않나요? 땀이 기화하면서 우리 몸 주변의 열을 빼앗기 때문이에요.
- **열전도율** 열을 전달할 수 있는 능력을 말해요. 열전도율이 큰 물질은 다른 물질에게 열을 빠르게 전달할 수 있죠. 그래서 열전도율이 큰 냄비의 손잡이를 잡을 때 엄청 뜨거운 것이랍니다.
- **표면장력** 표면장력은 접촉면적을 최소화하기 위해 액체가 스스로 뭉치는 힘이에요. 물이 가득찬 컵에 물을 한 방울씩 조심히 넣으면 넘치지 않고 물의 표면이 볼록하게 튀어나오는 것을 확인할 수 있어요. 바로 물의 표면장력 때문이죠.
- **마찰력** 운동을 방해하는 힘을 말해요. 미끄럼틀을 타고 내려올 때, 엉덩이가 아프죠? 엉덩이와 미끄럼틀 사이에 마찰력이 생겨 우리가 미끄럼틀을 타고 내려오는 것을 방해하기 때문이랍니다.
- **중력** 지구가 물체를 끌어당기는 힘이에요. 중력이 작용하기 때문에 물체를 손에서 놓았을 때 바닥으로 떨어지는 거죠.
- **수직항력** 물체가 접촉한 면에 수직으로 작용하는 힘을 말해요. 우리가 침대에 누워 있을 때 침대가 가라앉지 않는 이유는, 침대가 우리를 미는 수직항력이 작용하기 때문이죠.

**대충 봐도 머리에 남는
어린이 과학 상식**

초판 1쇄 발행 2022년 6월 17일
초판 5쇄 발행 2025년 4월 16일

글쓴이 이동훈
그린이 이크종

펴낸이 金昇芝
편집 김도영 문영은
디자인 올컨텐츠그룹

펴낸곳 블루무스어린이
전화 070-4062-1908
팩스 02-6280-1908
주소 경기도 파주시 경의로 1114 에펠타워 406호
출판등록 제2022-000085호
이메일 bluemoosebooks@naver.com
인스타그램 @bluemoose_books

ⓒ 이동훈, 이크종 2022

ISBN 979-11-91426-47-2 (77400)

아이들의 푸른 꿈을 응원하는 블루무스어린이는 블루무스 출판사의 어린이 단행본 브랜드입니다.

· 저작권법에 의해 보호를 받는 저작물이므로 무단 전재와 복제를 금합니다.
· 이 책의 일부 또는 전부를 이용하려면 저작권자와 블루무스의 동의를 얻어야 합니다.
· 책값은 뒤표지에 있습니다. 잘못된 책은 구입하신 곳에서 바꾸어 드립니다.